宋元史料叢刊

平宋録
北巡私記
農田餘話

〔元〕佚名 撰 曹金成 整理

〔元〕劉佶 撰 曹金成 整理

〔明〕長谷真逸 輯撰 魏崇武 整理

上海古籍出版社

圖書在版編目(CIP)數據

平宋録 /（元）佚名撰 ; 曹金成整理. 北巡私記 /（元）劉佶撰 ; 曹金成整理. 農田餘話 /（明）長谷真逸輯撰 ; 魏崇武整理. -- 上海 : 上海古籍出版社, 2024.11（2025.7 重印）. --（宋元史料叢刊）. -- ISBN 978-7-5732-1383-9

Ⅰ. K24

中國國家版本館 CIP 數據核字第 2024R1K971 號

宋元史料叢刊

平宋録

（元）佚名　撰

曹金成　整理

北巡私記

（元）劉佶　撰

曹金成　整理

農田餘話

（明）長谷真逸　輯撰

魏崇武　整理

上海古籍出版社出版發行

（上海市閔行區號景路 159 弄 1－5 號 A 座 5F　郵政編碼 201101）

（1）網址：www.guji.com.cn

（2）E-mail：guji1@guji.com.cn

（3）易文網網址：www.ewen.co

山東京滬印刷科技有限公司印刷

開本 850×1168　1/32　印張 6.625　插頁 2　字數 121,000

2024 年 11 月第 1 版　2025 年 7 月第 2 次印刷

ISBN 978－7－5732－1383－9

K·3721　定價：52.00 元

宋元史料叢書編輯緣起

平時研究與教學過程中，往往會閲讀、利用一些篇幅雖然不大，但是史料價值較高，却尚未得到現代整理或者已有整理工作尚待完善的歷史文獻，尤其以有關元代歷史和宋元之際、元明之際歷史的文獻居多，於是萌生出專門整理此類歷史文獻並彙編成叢書的設想。

自二〇一七年提出初步想法並開列十八種歷史文獻的書單至今，不覺已經七年之久。現在上海古籍出版社的鼎力支持下，叢書即將陸續出版，謹略述緣起如上。

並略作本叢書整理的基本説明如下：

一、整理以標點（標線）與校勘爲基本的方式。

二、除了點校這一主體工作，還盡量通過各種附録（索引）的編製，增加所整理的歷史文獻的閲讀和使用的便利度，增强整理工作的學術性。至於附録（索引）的具體編製方式，則不拘一格。

楊曉春

二〇二四年八月一日

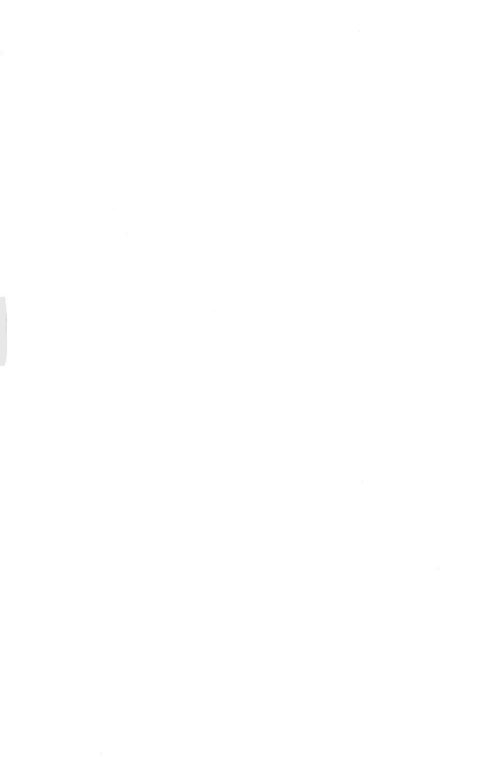

目録

平宋録

（元）佚名 撰
曹金成 整理

前言

平宋録刊於元成宗大德八年（一三〇四），是現存成書最早且最爲詳細的記載元朝滅宋歷程的歷史文獻。前人對平宋録的概要介紹與評價，當以清乾隆朝四庫館臣爲代表：

> 平宋録三卷，舊題杭州路司獄燕山平慶安撰。一名大元混一平宋實録，又名丙子平宋録。前有大德甲辰鄧錡、方回、周明三序。紀至元十三年巴顔下臨安及宋幼主北遷之事，與史文無大異同。惟元世祖封瀛國公詔、巴顔賀表諸篇，及追贈河南路統軍鄭江事，爲史所未備，頗足以資參考。

此書黃虞稷千頃堂書目以爲劉敏中作。今按周明序，稱「平慶安請於行省，奏加巴顔封謚，建祠於武學故基，武成王廟之東。且鋟梓王行實行於世」，後又有「大德八年甲戌月案大德元年爲甲辰，九月當建甲戌，此蓋當時習俗之文，不合古例，謹附識於此。燕山平慶安開板印造平宋録」一行。俱不言新著此書。是此書實劉敏中所撰，慶安特梓刻以傳。後人以其書首不題敏中姓名，未加深考，遂舉而歸之慶安耳。今改題敏中名，從其實焉。敏

中字端甫，章丘人，由中書掾歷官至翰林學士承旨，卒，追封齊國公。事迹具元史本傳。（一）

四庫館臣的這一提要，涉及平宋録作者的、書名、卷數與史料價值等問題，所述並非完全平實可信。既往的研究，考察了平宋録的版本，並簡要辨析了作者的身份，（二）但仍有進一步檢討的空間。有鑒於此，本文以四庫提要所涉議題爲中心，並援引史源這一問題，在與前人成果充分對話的同時，對平宋録一書進行全新考索。

一　作者

四庫館臣徵引黄虞稷（一六二九—一六九一）千頃堂書目的説法，進一步論證平宋録作者實爲劉敏中，而非「舊題杭州路司獄燕山平慶安」，認爲後者只是「梓刻以傳」而已。此説不但在清代、民國時期影響甚大，（三）當今學界亦多信從不疑。（四）最新研究則指出劉敏中的碑傳材料從未提及他著有平宋録一書，故更傾向於將平宋録作者題爲「平慶安輯」。（五）此節即作進一步檢討。

誠如前人所言，劉敏中並非平宋録作者的。對此，還可進一步論證。若劉敏中果真是平宋録作者的，則正文前的序言必定會對其撰述旨趣以及與此相關的作序緣起有所著墨，（六）然其中除了表彰平慶安的刻印之功外，卻對劉敏中未置一詞，這不得不讓人對劉敏中作爲平宋録作者的身份産生質疑。

此外，平宋録的文本本身亦存在諸多弊端，如同一人物前後指稱有別（既稱忽必烈爲「至尊」，又以「上」指代）、蒙古語人名的漢譯前後不一（前有「乙乞里歹」，後則作「亦只里歹」）、删節而成的銜接生硬的「云云」類話語（復州翟貴降附時，有「丞相曰『汝今迎師而降，鄂州親屬可令無虞』云云。丞相召貴曰『復州去江陵不遠，汝遣使去招諭』云云」）以及干支紀日的一些錯誤等等，（七）若出自「朝廷有大制作，必遣使需其文」的劉敏中之手，（八）顯然不可思議。總之，目前將平宋録作者的比定爲劉敏中難以令人信服！

就平宋録的具體内容來看，卷上與卷中所記確如四庫館臣所説，是「紀至元十三年巴顔下臨安及宋幼主北遷之事」。然細繹其文，卷上與卷中伯顔下臨安的紀事以干支紀日，而卷中末「宋幼主北遷之事」則以數字紀日，這顯然是後者直接抄録其他材料綴接到前者之後所致。（九）卷下依次編入了宋太后傳淮東制置李知院書、大丞相賀表、賀表、賜宋主詔、追贈鄭江、撫勞戰士、丞相伯顔公勛德碑等文，作者皆非劉敏中。鄧錡序所謂「次第平宋録訖」，即暗示此書並非一蹴而就，而是按一定次序陸續纂成，恰與其卷次内容相符。至於將

平宋録作者署名劉敏中，很可能是劉敏中曾撰有敕賜淮安忠武王廟碑而導致後人張冠李戴的誤解。〔一〇〕

所謂「舊題杭州路司獄燕山平慶安撰」或「平慶安輯」，其實亦不確切。繆荃孫據鄧錡序：「大德七年，杭州路司獄官平慶安建白：大丞相太傅伯顔公，加封淮安王，謚忠武，創祠立石，介於武成王廟左。又次第平宋録訖，大路推官王國寶請序其首。」認爲「是書舊題平著，不爲無據」。〔一一〕但在這一叙述中「次第平宋録訖」之主語爲平慶安，並不明朗。又，周明序末有言：「杭州路司獄燕山平慶安，奮身陳言於宣撫□□。奉使嘉其言而轉呈都省，遂獲聞奏，追封淮安王，謚忠武，都省俯從祠祀之請，俾之募緣以集其事。平司獄又能貨廬買木，以倡其首，請佃杭城亡宋武學故基武成王廟之東，建立祠宇，往來之人，得瞻廟貌，皆發忠義之心。仁義哉！平司獄之操心也。且鋟梓王行實傳於世，名之曰丙子平宋録。開卷瞭然，見王勛業之大。凡當時同心戮力之人，因王而得彰其名於天下後世。」顯然，平慶安只是籌建杭州路伯顔祠堂的倡言者與刊刻平宋録的實施人。平宋録卷下還記有平慶安爲建祠、印書之事所寫的跋文：「燕山平慶安起蓋祠堂，開板印造平宋録。大德八年甲戌月平慶安。」緜毫未將其視作平宋録作者的。可見，將平宋録作者的推斷爲平慶安，亦缺乏堅實的證據。

筆者注意到，元人黃溍也撰有平宋録序，是文雖不見於今本平宋録，但或可借以進一步管窺平宋録作者的身份。今徵引如下：

> 平宋録者，紀淮安忠武王平宋之功也。王廟在杭城，燬於災。監察御史言：「王宣勞戮力，弼成正統，功莫大焉。宜令有司復其祠宇，仰副國家崇報之意。」御史臺上於中書省以聞，已被旨可其奏。而江浙行中書省亦以爲言，乃命中順大夫、本投下諸色總管府達魯花赤普化乘傳而南，與行省官同蒞其役。廟之告成也，行省既請胙王以大國，錫銘於石章，且俾儒司刻平宋録於杭學，以侈其傳。按録之舊文，與所賜王廟碑、開國元勛佐命大臣碑、皇朝經世大典所序五戰，間有不能盡同，二碑、大典皆史家承旨撰著，今悉取正焉。他書有可證據則增入，有當參訂則附注，餘無所考者，並存其舊，以俟史官之裁擇。王世胄之懿，官伐之隆，德器之宏，勛烈之茂，則有制詞及碑文在。謹以冠予篇端，兹不敢贅述也。〔二〕

按，至正二年（一三四二）杭州火災燒毁了江浙行省省衙與杭州路儒學司，伯顏祠堂殆亦受到殃及，故黄文很可能撰於其後，所提王廟碑即劉敏中撰敕賜淮安忠武王廟碑，開國元勛佐命大臣碑即元明善撰丞相淮安忠武王碑，〔三〕皇朝經世大典所序殆即經世大典之征伐·平宋條。

黄溍明確指出，此次儒司重刻平宋録時，「二碑、大典皆史家承旨撰著，今悉取正焉」，其實是在一定程度上將平宋録與「史家承旨撰著」區别對待。而且，與司獄平慶安刊印平宋録時一樣，黄溍對此次所刻平宋録作者的亦只字未提。據此再聯繫到上文所述文本本身的缺陷，就不難想見：大德年間成書的平宋録很可能出自杭州一帶文史素養較差的基層文史之手，其作者自然也就難免在當時籍籍無名了。

二　書名與卷數

正如本文開篇四庫館臣所示，平宋録的書名並不統一。除了四庫館臣所提大元混一平宋實録、丙子平宋録外，筆者發現還有其他書名，今列表如下：

書名	出處	備注
大丞相伯顔平宋實録	鄧錡序	
大元丙子平宋實録	周明序	傅增湘、繆荃孫寓目者，作大元丙子平宋録，參看下文。

續表

書名	出處	備注
新刊大元混一平宋實録	清抄本B、C卷上書名(一四)	守山閣叢書、芋園叢書本諸卷書名均作平宋録。
新刊大元混一江南實録	清抄本A卷上、中、下書名，清抄本B、C卷中、下書名	

其中，清抄本中所謂「新刊」，殆就元世祖朝所詔修並刊刻的平宋録而言。大元丙子平宋録、新刊大元混一平宋實録顯然就是四庫館臣所謂丙子平宋録、大元混一平宋實録之全稱，與大丞相伯顔平宋實録、新刊大元混一江南實録均可簡稱爲平宋録。若考慮到平慶安刻書是爲了表彰伯顔平宋的豐功偉績，則鄧錡序所用大丞相伯顔平宋實録最名副其實。

相較於書名，平宋録的卷數引出的問題則更爲複雜。四庫館臣所寓目者爲三卷，(一五)然見於文獻著録者，還有一卷、二卷、十卷，如下表所示：

卷數	出處	備注
一卷	杜貴墀巴陵人物志卷一二，參看葉啓倬輯郎園先生全書第一九四冊，光緒壬寅長沙刻本。葉四A。	此「一卷」，係對碧琳琅館叢書本平宋録卷數的誤記（參看巴陵人物志卷一二，葉三B），實應作「三卷」。
	莫友芝撰、傅增湘訂補藏園訂補郘亭知見傳本書目卷四，傅熹年整理，中華書局，二〇〇九年，第二八五頁。	
兩卷	黃佐南雍志卷一八，中華再造善本影印嘉靖二年刻隆慶增修本，葉三六B。	
	黃虞稷千頃堂書目卷五，瞿鳳起、潘景鄭整理，上海古籍出版社，二〇〇一年，第一四一頁。	
	黃虞稷、倪燦補遼金元史藝文志，參看王承略、劉心明主編二十五史藝文經籍志考補萃編卷二三，清華大學出版社，二〇一四年，第二五頁。	
	錢大昕元史藝文志卷二，參看陳文和主編嘉定錢大昕全集（增訂本）第五冊，鳳凰出版社，二〇一六年，第一五四頁。	

續表

卷數	出處	備注
十卷	焦竑國史經籍志卷三，參看王雲五主編叢書集成初編第二五册，商務印書館，一九二九年，第六七頁。	
	黃虞稷千頃堂書目卷五，瞿鳳起、潘景鄭整理，第一四一頁。	此十卷本，見於上述千頃堂書目所記兩卷本夾注。
	錢大昕元史藝文志卷二，參看陳文和主編嘉定錢大昕全集（增訂本）第五册，第一五四頁。	

其中，傅增湘所説一卷者，名大元丙子平宋録，係「影寫元刊本，十行二十字。有大德甲辰鄧錡序及方回序。鈐有吴志忠及惠棟藏印」。〔一六〕繆荃孫亦曾寓目：「舊鈔藍格本。元平慶安撰。卷首大元丙子平宋録，卷末大元混一江南實録。」〔一七〕此一卷本的行數、每行字數以及序言作者，與今傳清抄本同。〔一八〕

最值得注意的是，錢大昕所録兩卷本與十卷本。十卷本名平宋録，前人據至元十三年六月元廷「詔作平金、平宋録，及諸國臣服傳記，仍命平章軍國重事耶律鑄監修國史」，〔一九〕

推測是年詔修的平宋録很可能就是十卷本。(二〇)然目前所見對十卷本的最早著録即上文所引焦竑國史經籍志一書，其中還將「伯顔」認定爲十卷本平宋録作者的，顯係誤解。四庫館臣早已尖鋭地指出，國史經籍志「叢抄舊目，無所考核，不論存亡，率爾濫載。古來目録，惟是書最不足憑」，(二一)故不得不令人質疑所記平宋録卷數的可靠性。後來黄虞稷所謂十卷説，或許即據焦竑著録而來。(二二)至於錢大昕，他一方面指出十卷本是「至元十三年劉敏中奉詔修」，(二三)另一方面又説此係「相傳」而來，(二四)可見他對原書並未寓目，只是因襲前人所言而已。總之，十卷本平宋録的卷數，以及此書與至元十三年詔修平宋録爲一書，目前均缺乏直接而有力的證據。

錢大昕所録兩卷本，名伯顔平宋録。關於兩卷本與十卷本的關係，周中孚懷疑：「豈錢氏別有所見，抑以一書歧而爲二也。」(二五)然錢氏的行文表明這顯然是兩部不同的史書。(二六)其實在錢大昕的其他著作中，還有對兩卷本平宋録内容更爲詳細的介紹：

平宋録二卷：丞相賀平宋表；太師淮安忠武王贈謚制；淮安忠武王廟碑，劉敏中撰並書；淮安忠武王碑，元明善撰；丞相淮王畫像贊，蘇天爵撰。以上上卷。世祖至元元年入覲至英宗敕立碑；至正三年正月跋；失末頁。丞相伯顔公勛德碑，史周卿撰，至元十三年建，卅一年重立，寇元德跋；至正四年追封淮王制；淮忠武王廟碑，王沂撰，揭傒斯書，至正四年渡江官員。以上下卷。按至元十三年，詔修平宋録十卷。相傳劉敏中所修，與此卷數不合，且當時雖以伯顔爲大將，而同事尚有阿朮、阿里海涯諸人，不應專記伯顔一人。若至正四年追封淮王，更在敏中既殁之後，此録必非敏中所修之本。（二七）

此二卷本平宋録還收有至正四年（一三四四）的制文，與上文所述三卷本亦迥然有異，二者顯然是兩部不同的史書，對此胡玉縉早已指出。（二八）因此，錢大昕所謂「不知撰人，或云平慶安作」的推測，就根本無從談起了。

三 史料來源

平宋録共三卷，卷下纂輯了與平宋相關的詔書、賀表、碑文等材料，而卷上與卷中的史源則需進一步探析。（二九）

通觀平宋録前二卷史事，與以下兩部文獻所記内容大有關聯。

（一）丙子北狩。丙子北狩出自隨南宋宗室北行的日記官嚴光大之手。（三〇）平宋録卷中最後按日述及南宋宗室北遷的經過，以及北遷後的遭際與處境，與丙子北狩幾乎如出一轍。顯然，平宋録在編撰時必定參考過丙子北狩一書。

（二）元史卷一二七伯顔傳。伯顔傳中伯顔入元經歷與率軍滅宋的詳情，其叙事脈絡與平宋録基本相同；在具體細節方面，儘管二者的個別史文互有詳略，但重合之處實多。故可肯定，伯顔傳與平宋録應有共同的史料來源。

不過，與伯顔傳相較，平宋録的文本本身還透露出其部分史源可能具有口述材料的性質。原因有二：一是平宋録的個別文字體現出聽音記字的書寫特點，如下表所示：

平宋録	元史卷一二七伯顔傳
萬户武顯	萬户武秀
炎山	鹽山
黄家原堡	黄家灣堡
天道難行	天道南行

其中，「炎山」與「黄家原堡」，分别是對湖北一帶的地名「鹽山」與「黄家灣堡」的不同漢字音譯。〔三一〕而最明顯的莫過於「天道難行」，此句出自伯顔軍中術士李國用之口，伯顔傳載其所言：「天道南行，金、木相犯，若二星交過，則江可渡。」〔三二〕揆諸語意，平宋録中的「天道難行」無疑就是「天道南行」之誤。平宋録之所以出現字詞上的這類不規範甚至錯誤音寫，顯然與其所據材料的口述性質有關，循此理路，關於萬户武秀的姓名，似亦應以伯顔傳爲準。

二是紀日的誤差所提供的證據。平宋録至元十一年「冬十一月戊子」（十六日）、「乙未」（二十三日）、「己亥」（二十七日）條所記史事，在伯顔傳、元史卷八世祖紀五、經世大典之征伐・平宋條等相關文獻中分别爲「十月戊午」（十六日）、「乙丑」（二十三日）、「己巳」（二十七日）之事。對此，最爲合理的解釋應是：平宋録至元十一年十一月的紀事來自某一口述性材料，後者的提供者在追憶往事時將本該是十月的紀事誤記爲十一月，從而導致平宋録也出現了相差一月的錯誤紀事。

以上對平宋録在編撰時曾參考過口述性材料的論證，有助於重新探究其中所記「溧水」一名的由來。平宋録記載至元十一年九月伯顔南征，派萬户武顯等前鋒進趨郢州，「至溧水」，正值「溧水泛濫」。按「溧水」，守山閣叢書本同，清抄本A作「漂水」，芋園叢書本則作「濼水」。〔三三〕有學者據中華書局點校本元朝名臣事略卷二丞相淮安忠武王引元明善丞相淮安忠武王碑所記「漂水溢途」，推測守山閣叢書本平宋録中的「溧水」應爲「漂水」之誤，並進而論定「漂水」也是誤記，另引元史卷一二七伯顔傳「遇水濼」，指出守山閣叢書本平宋録所記「溧水」應爲「濼水」之誤，從而認爲「至濼水」即「到了一個水濼」，下文「濼水泛濫」即「水濼之水漲溢泛濫」。(三四) 芋園叢書本作「濼水」，恰與此相合，然這一觀點尚可進一步檢討。查元刻本元朝名臣事略原文即作「溧水」，元刻本國朝文類卷二四所收元明善丞相淮安忠武王碑亦作「溧水」，而宋季三朝政要卷四述此事時則將「溧水」書作「濼水」。(三五)「溧水」「濼水」，與芋園叢書本的「濼水」，均是用漢字記寫其相近讀音的產物，恰與以上所論口述性材料係平宋録的一大史源相符。由此可見，守山閣叢書本平宋録中的「溧水」並非「濼水」之誤，而是循其所據口述性材料本身之讀音而來，至於清抄本 A 中的「漂水」則爲「溧水」之形訛。

四　史料價值

關於平宋録的史料價值，四庫館臣認爲卷上、卷中「與史文無大異同」，而特別强調卷下所收伯顔賀表等文，「爲史所未備，頗足以資參考」。其實，伯顔賀表具載於元史卷一二七伯顔傳，又見於元文類卷一三，追贈鄭江爲元人魏初所上奏章之文，備録於青崖集，均非

「爲史所未備」。此外，卷上與卷中也有諸多内容頗具參考價值。(三六) 清人俞正燮在指出六朝、唐、遼、金、元「娘子」一詞爲尊稱時，即徵引平宋録卷中「丞相娘子」一稱作爲例證。(三七) 今人亦指出平宋録前兩卷有「有可補史闕或據以考證史事之處」，惜未展開舉證。(三八) 下面即進一步擇取卷上與卷中的相關史文，借以管窺平宋録的獨特史料價值。

先看卷上：

至元十二年正月，伯顔遣陳奕、吕文焕謀取蘄州。至於爲何選派此二人，平宋録以伯顔之口作了交代：「向聞管景模、王滕、吕師道等與汝最相親，汝可密書示之，則令來降，不亦可乎？」

至元十二年正月，伯顔禱於大孤山祈求渡江順利，元史卷一二七伯顔傳僅留下了「乃禱於大孤山神」這寥寥數語，平宋録則給出了更爲詳細的記載：「或言於丞相曰：『番陽湖内大孤山神祠，請禱之。』丞相然之。遣人詣大孤山，禱曰：『欽奉大元皇帝命，舉兵以征不庭。長江既渡，今湖口大風數日，阻我兵不能進。如祭之風定，後則許汝歲時無缺祭享，若風不息，汝必不安。』是日，祭回風息，大軍遂渡。丞相令江州士民歲時祭享。」

關於廉希賢遇害後，派遣張羽使宋一事，伯顔傳亦有簡略提及，但據平宋録纔可得知原來是受吕文焕的推薦：「吕文焕等言於丞相曰：『議事官張羽爲人端慤剛決，兼有才略，其人可往。』丞相然之，召而問之。羽曰：『雖蹈廉、嚴之覆轍，然事不避難，臣之職也。羽何敢辭！』」

再看卷中：

至元十二年九月戊子日的紀事，伯顔傳僅留下了「次高郵」三字，平宋録則著墨更多：「戊子，攻白馬湖，克之。泝流至清口、桃源，進至高郵境。遣帳前合必赤千户薛徹干等，先帥鐵騎數百趨高郵。遇宋兵，出戰，宋兵大敗，斬首數級。次日，丞相率諸將閲兵城下，觀宋壁壘而還。進至范光湖，避兵之民甚衆。丞相遣人招諭，悉降。又遣侍衛軍總管顔聚等，乘戰艦五十餘艘，破草湖鄉賊，即日克之，令諸將秣馬俟行。」

至元十二年十月伯顔分兵三道進趨臨安，據伯顔傳，右路統帥爲阿剌罕，左路統帥爲董文炳。平宋録可對此略加補充：右路軍將領還有「四萬户總管奥魯赤」，左路軍還包括「蒙古官帥萬户張弘範、萬户張抵、都統范文虎、王世强、管如德、史勝等，省都事楊晦領幕府事」。

至元十三年三月伯顔入臨安後，分兵鎮戍諸處。至於其具體布置，伯顔傳僅提及：「以阿剌罕、董文炳留治行省事，以經略閩、粤；忙古歹以都督鎮浙西；唆都以宣撫使鎮浙東。」平宋録所述則更爲詳實：「丞相命諸將分兵鎮守臨安，令阿剌罕、奥魯赤蒙古、漢軍鎮屯西湖錢唐門等處，闍里帖木兒、懷都、亦乞里歹鎮守錢唐、仁和，黄頭兵屯富陽，相威等軍屯鹽官，焦興、黄順軍屯德清，晏徹兒、劉源等鎮守湖州市，忙古歹、范文虎撫治臨安，以水弩砲諸將及别萬户諸軍分屯湖州市北，如犬牙相御。」

以上只是犖犖大端，舉其要者略加闡釋，但已不難看出平宋録中的獨家記載對相關歷史研究的重要參考價值。

五　版本

關於平宋録的版本，前人的研究重在梳理、辨析元、明、清書目著録中的情況。(三九) 對此，還可補充的是清人邵懿辰所説的「明南監本」，(四〇) 這是目前見於著録的最早版本，但不知是否仍在世間。本節則對平宋録的傳世版本擇要略加介紹。

以筆者管見，今所傳平宋録皆爲清抄本與清刻本。清抄本中最爲常見的無疑當屬四庫全書本。此外，國家圖書館還藏有一部李文田校跋本，善本書號爲一一八一六（簡稱「清抄本A」），最後附有抄録者識語：

平宋録三卷，疑即平慶安所撰。黄氏千頃堂書目作劉敏中撰，未知何據。而焦氏經籍志直作伯顏撰，並云十卷，誤矣。丁酉正月，借張子充之本鈔得之。時雷雨乍過，雪霰交下，寒威不減，臘盡時也。二十七日，枚菴漫士吴翌鳳記於古歡堂之南榮。

關於作者與卷數的問題，上文第一、二節已述。「丁酉」即乾隆四十二年（一七七七）。吴翌鳳（一七四二—一八一九）號「枚菴漫士」，「古歡堂」爲其書房。

這一抄本在吴翌鳳的識語後，還留下了校勘者李文田的跋文：

此本當從元刻本出，以提寫、空缺均仍其舊故也。墨海金壺、守山閣兩刊本，於缺泐之字，或徑連接，或以意增補，多無義理，非見此本，不悟彼之深也。然則此乃明抄之善本矣。順德李文田校記。

李文田所謂「明抄之善本」，似應作「清抄之善本」。他認爲此本「當從元刻本出」，與傅增湘推斷「影寫元刊本」同。另外，此本「十行二十字」，亦同於傅增湘所寓目者，二者可能來自同一個底本，抑或相互之間存在傳抄關係。

除了清抄本 A 外，北京大學圖書館也藏有一部清抄本，善本書號爲 LSB/四二四四，後被四庫提要著録叢書影印出版（參看史部第一九五册，簡稱「清抄本B」）。原國立北平圖書館甲庫善本叢書（第一九五册）亦影印了一部清抄本（簡稱「清抄本C」），題「平宋録三卷一册」，後有「宋蘭暉脱本」，以及「姜渭」之印，但字迹模糊不清處較多，近來李治安先生所編元史研究資料彙編補編（廣西師範大學出版社，二〇二〇年，史部第六册）亦收有此本。（四一）

平宋録最早的清刻本是墨海金壺本，爲嘉慶十三年（一八〇八）張海鵬「較梓」（參看卷下葉六B），左右雙邊，黑口無魚尾，半葉十一行，每行二十三字。後錢熙祚（約一八〇一—一八四四）又刻有守山閣叢書本。需要指出的是，守山閣叢書本平宋録係據墨海金壺本而來，二者實爲一版，僅屈指可數的個別文字存在差異，如墨海金壺本記至元十一年「丞相總兵江南」，守山閣叢書本則改作「丞相總兵南伐」，再如墨海金壺本中的「上命左丞相巴延節制諸軍伐宋」，守山閣叢書則將伯顔（巴延）的官職誤改爲「右丞相」，可見錢熙祚的改動並未完全達到後出轉精的效果。

此外，清末方功惠（一八二九—一八九七）所刻碧琳琅館叢書，亦收有平宋録（最後有「嘉應饒軫校字」，參看卷下葉八B），今陳建華、曹淳亮主編廣州大典（第八輯第四册，廣州出版社，二〇〇八年）據以影印。此版平宋録左右雙邊，黑口無魚尾，每半葉九行，每行二十一字。民國年間，黄肇沂（一九〇二—一九七五）所輯刻的芋園叢書，所收平宋録即完全根據碧琳琅館叢書本刊印而來。

以往學界對平宋録的參考利用，尤其重視清人錢熙祚輯刻的守山閣叢書本。(四二) 後出標點本，也是據守山閣叢書本而來。(四三) 不過，守山閣叢書本所見非漢語人名已遭清人改譯，一些詞句也有訛誤與不通之處，利用起來並不盡如人意。因此，在釐清平宋録傳世版本的基礎上，對其重新整理與點校就很有必要了。

通過上述的版本梳理可知，在校注平宋録時，清抄本A無疑是最佳底本。同時，可以其他兩部清抄本（清抄本B、清抄本C）通校，并以兩部清刻本（守山閣叢書本、芋園叢書本）參校。需要補充説明的是：清刻本中，墨海金壺與守山閣叢書本實爲一版，碧琳琅館叢書與芋園叢書本也是同一版本，可取後出之守山閣叢書與芋園叢書本爲參校本；此外，平宋録本身紀事的訛誤之處，非版本校所能解決，可參考元史卷八世祖紀五、卷九世祖紀六、卷一二七伯顔傳，以及經世大典之征伐・平宋條、錢塘遺事、宋季三朝政要等文獻予以校正。

注釋

（一）欽定四庫全書總目（整理本），中華書局，一九九七年，第七二〇頁。按引文中的「巴顔」即滅宋將領「伯顔」清代改譯之名。「大德八年甲戌月」可理解爲「大德八年甲辰歲建戌月」。按照古人以十二地支與十二月相配的「月建」觀念，建子之月即十一月，依次類推，建戌月即九月，此即四庫館臣所謂「九月當建甲戌」之緣由。

（二）熊燕軍平宋録的版本及作者，元代文獻與文化研究第二輯，中華書局，二〇一三年，第三八—四七頁。

（三）嵇璜續文獻通考卷一六三經籍考，浙江古籍出版社，二〇〇〇年第二版，第四一五五頁上；劉錦藻清朝續文獻通考卷二七一經籍考十五，浙江古籍出版社，二〇〇〇年第二版，第一〇一五二頁上；張佩綸張佩綸日記，謝海林整理，鳳凰出版社，二〇一五年，第三九〇頁；民國山東通志卷一三一藝文志第十，民國七年鉛印本，葉三九A。

（四）中國歷史大辭典·史學史卷，上海辭書出版社，一九八三年，第九二頁；辭海·中國古代史分册，上海辭書出版社，一九八八年，第五六二頁；鄧瑞全、王冠英編著中國僞書綜考，黃山書社，一九九八年，第三三六頁；楊鐮主編全元詩第一一册，中華書局，二〇一三年，第二五九頁。

（五）熊燕軍平宋録的版本及作者，第四七頁。

（六）按四庫館臣指出正文前有「鄧錡、方回、周明三序」，其實遺漏了方回與周明二序之間的杜道堅序，故平宋録正文前共有四篇序文。

（七）按此處所引平宋録原文，請參看下文平宋録的點校本，恕無法逐一注明。下同。

（八）曹元用敕賜故翰林學士承旨贈光禄大夫柱國追封齊國公劉文簡公神道碑銘並序，參看鄧瑞全、謝輝校點劉敏中集，吉林文史出版社，二〇〇八年，第四五八頁。

（九）參看本文第三節。

（一〇）熊燕軍平宋録的版本及作者，第四七頁。

（一一）周家楣、繆荃孫等編纂光緒順天府志卷一二四藝文志三，北京古籍出版社，一九八七年，第六四七八—六四七九頁。

（一二）王頲點校黄溍全集，天津古籍出版社，二〇〇八年，第二七〇頁。

（一三）熊燕軍平宋録的版本及作者，第四一頁。

（一四）關於平宋録的版本問題，參看本文第五節。

（一五）按前人研究據目前所見最早的三卷本爲四庫全書本，推測今傳三卷本是元代以後改編而來：「估計明清時，由於諸本殘缺，後人遂將大德八年本和至正本合二爲一。」同時又説，也有可能是「采入四庫時，四庫館臣將其分爲三卷」。參看熊燕軍平宋録的版本及作者，第四六頁。但本節後文已指出，今傳三卷本的版式與傅增湘所見「影寫元刊本」同，故本文暫不采納此説。

（一六）莫友芝撰，傅增湘訂補藏園訂補邵亭知見傳本書目，傅熹年整理，中華書局，二〇〇九年，第二八五頁。

（一七）繆荃孫藝風藏書續記卷四，參看張廷銀、朱玉麒主編繆荃孫全集·目録，鳳凰出版社，二〇一三年，第二二〇頁。

（一八）參看本文第五節。

（一九）元史卷九世祖紀六，中華書局，一九七六年，第一八三頁。

（二〇）熊燕軍平宋録的版本及作者，第三九頁。按王惲記其在至元十四年貢職翰林院後，「時每會集，日課讀平宋事跡若干編類者」（王惲玉堂嘉話，楊曉春點校，中華書局，二〇〇九年，第四九頁），似乎指的是閱讀官修平宋録一書之事。

（二一）欽定四庫全書總目（整理本），第一一五三頁。

（二二）按千頃堂書目即記有「焦竑國史經籍志六卷」，參看黃虞稷千頃堂書目卷一〇，瞿鳳起、潘景鄭整理，上海古籍出版社，二〇〇一年，第二九四頁。

（二三）錢大昕元史藝文志，參看陳文和主編嘉定錢大昕全集（增訂本）第五册，鳳凰出版社，二〇一六年，第一五四頁。

（二四）錢大昕十駕齋養新録卷一三平宋録，楊勇軍整理，上海書店出版社，二〇一一年，第二六一頁。

（二五）周中孚鄭堂讀書記補逸卷九史部・雜史類，黃曙輝、印曉峰標校，上海書店出版社，二〇〇九年，第一三九四頁。

（二六）按錢大昕在二卷本後有夾注：「不知撰人，或云平慶安作。」與十卷本迥然有别。參看陳文和主編嘉定錢大昕全集（增訂本）第五册，第一五四頁。此説後爲魏源所沿襲，參看元史新編卷九二藝文志二，光緒慎微堂刊本，葉三B。

（二七）錢大昕十駕齋養新録卷一三平宋録，第二六〇—二六一頁。關於兩卷本平宋録的内容，錢大昕在其讀書日記中亦有記載，見於竹汀先生日記鈔卷一所見古書，參看陳文和主編嘉定錢大昕全集（增訂本）第一册，鳳凰出版社，二〇一六年，第五三七—五三八頁。

（二八）胡玉縉撰、王欣夫輯四庫全書總目提要補正，上海書店出版社，二〇二〇年，第四七〇頁。按有學者推測此兩卷本即黃溍所序本，參看熊燕軍平宋録的版本及作者，第四四頁。熊文據蘇天爵丞相淮王畫像贊撰於至正九年（一三四九），推測此二卷本「很可能刊印於至正九年或稍後」，又説杭州伯顔祠廟在至正二年毁於火災。然伯顔祠廟在至少七年的時間内卻一直没有告成，著實不可思議。因此，在没有確鑿證據的前提下，此二卷本與黃溍序本的關係，暫時存疑。

（二九）按元史卷一七〇暢師文傳：「十二年，丞相伯顔攻宋，選爲掾屬，從定江南，及歸，舟中惟載書籍而已。十三年，編平宋事蹟上之。」（第三九九五頁）有學者懷疑此平宋事蹟「不知是否即平宋録，如若不是，也一定是平宋録的重要史源」，參看熊燕軍平宋録的版本及作者，第三九頁。需要指出的是，暢師文作爲伯顔「掾屬」，主要以當事人的身份編寫平宋事蹟，大可保障文字的整飭與紀事的准確，這也是其後來能夠入職翰林並纂修成宗實録的重要原因（元史卷一七〇暢師文傳，第三九九六頁）。然平宋録在文字本身與紀日等方面均存在諸多缺陷，若主要據平宋事蹟編輯成書，則令人難以想象。

〔三〇〕劉一清撰、王瑞來校箋考原錢塘遺事校箋考原，中華書局，二〇一六年，第二三—二四頁。

〔三一〕按鹽山在今湖北鐘祥西北伍廟西北，黄家灣堡在今湖北鐘祥東北洋梓西南黄家灣，參看邱樹森主編元史辭典，山東教育出版社，二〇〇二年，第一一九五、七二八頁。

〔三二〕元史卷一二七伯顔傳，第三一〇二頁。

〔三三〕關於平宋録的版本問題，參看本文第五節。

〔三四〕高建國伯顔南征遇「溧水」事辨析，元史及民族與邊疆研究集刊第二十五輯，上海古籍出版社，二〇一三年，第一〇九—一一一頁。

〔三五〕蘇天爵元朝名臣事略卷二丞相淮安忠武王，元刻本，參看楊訥主編元史研究資料彙編第九十四册，中華書局，二〇一四年，第三二六頁；元明善丞相淮安忠武王碑，參看蘇天爵編國朝文類卷二四，元末西湖書院刻本，葉十二B；宋季三朝政要卷四，元皇慶元年刻本，葉七A；宋季三朝政要卷四，元至治三年刻本，葉六A。

〔三六〕元人孔克齊將平宋録視作「異日史館之用，不可闕」的「國朝文典」之一，目前尚不能遽斷其所説爲兩卷本還是三卷本。參看孔齊至正直記卷一，莊葳、郭群一校點，上海古籍出版社，二〇一二年，第六五頁。按此書作者原作

「孔齊」，實應作「孔克齊」，參看丁國範至正直記三議，元史及北方民族史研究集刊一九八七年第十一期，第六四—六六頁。

（三七）俞正燮癸巳存稿卷四，遼寧教育出版社，二〇〇三年，第一二八—一二九頁。按此標點本將丙子平宋録訛作內子平宋録。

（三八）鄧瑞全、王冠英編著中國僞書綜考，第三三六頁。

（三九）熊燕軍平宋録的版本及作者，第三八—四五頁。

（四〇）邵懿辰增訂四庫簡明目録標注，邵章續録，上海古籍出版社，一九七九年，第二三九頁。

（四一）按繆荃孫曾記有一部三卷本平宋録，係「舊抄本。有『雪苑宋氏蘭揮藏書記』朱文長印」，參看繆荃孫清學部圖書館善本書目·史部下，繆荃孫全集·目録，第四五三頁。此舊抄本似即原國立北平圖書館甲庫善本叢書與元史研究資料彙編補編所影印者。

（四二）楊志玖審定，李治安、王曉欣編著元史學概説，天津教育出版社，一九八九年，第二九一頁；陳得芝蒙元史研究導論，南京大學出版社，二〇一二年，第二六—二七頁；陳高華、陳智超等著中國古代史史料學，中華書局，二〇一六年第三版，第三二一頁。

（四三）王雲五主編叢書集成初編第三九一〇册校正元親征録 平宋録，商務印書館，一九三九年；中國内亂外禍歷史叢書第九輯（神州國光社，一九五一年），後改爲中國歷史研究資料叢書（上海書店，一九八二年，書名爲避戎夜話，實際上還收録了大金吊伐録、南渡録與平宋録三部文獻）；車吉心主編中華野史（遼夏金元卷），泰山出版社，二〇〇〇年，第五六四—五七一頁）。按前人研究認爲，四庫全書本後，「墨海金壺、守山閣叢書、碧琳琅館叢書及叢書集成初編等不同版本」，「很可能是據四庫本刊印」，參看熊燕軍平宋録的版本及作者，第四六頁。但僅就改譯的民族語文姓名而言，如也先卜花，文淵閣四庫全書本作額森布哈，墨海金壺等刻本作額森卜，再如阿塔海，文淵閣四庫全書本作安塔哈，墨海金壺等刻本作阿達哈，其間差異迥然，可見此説是想當然的推測。

大丞相伯顔平宋録序

伊尹相湯伐桀，升自陑而征自葛。〔一〕太公佐武伐紂，戰於牧，〔二〕三千人而滅。〔三〕蓋伊、吕師、貞，丈人。湯武革命，順乎天而應乎人也。自古受命平江淮者，皆非天子仁義之兵，務快私意，深入重地，〔四〕或乖天時，拙于地利，失于知機應變，彼已虚實之勢，鮮有不資於敵者矣。故曹孟德一百萬敗于赤壁，苻堅九十萬敗于淝水，蒙恬二十萬敗于荆郢，身恥名辱，貽誚千古，〔五〕亦徒勞人爾哉！

我聖元大丞相伯顔公承聖明大德，〔六〕不干羽兩階而萬邦來格，統文武全才，不孫吴七書而亡宋無敵，取襄淮如拾芥，平江南猶反手也。大德七年，杭州路司獄官平慶安建白：大丞相太傅伯顔公，加封淮安王，謚忠武，創祠立石，介於武成王廟左。又次第平宋録訖，大路推官王國寶請序其首。余謂功臣勛烈，其具姓名者一百二十餘人，〔七〕悉列于目，然於正、野史，更爲收摭建異論、立奇績于當時者，以爲全書，激勸後世。人有光于史筆者，〔八〕何多幸邪！抑試論之。太公望，前代封昭烈武成王，以其一戎衣，天下大定，歸馬于華山，放牛于桃林，〔九〕使周之子孫九百二十七年不復用兵，〔一〇〕此其所以爲武成王也。又封吴孫武子於右，〔一〕漢張良于左，亞于昭烈，血食配饗。夫孫子者，雖著兵法十三篇，有臨時應變、萬舉萬全之能，不過破楚入郢，皆戰國諸侯抗兵相加，未嘗混一區宇，齊、魏、燕、趙、秦、晉尚爲勍敵，莫敢側睨，故將鑒博議：孫武操術有餘，于權謀不足，于仁義可以爲春秋諸侯之將，不可爲三代王者佐也。吾淮安王則不然，天姿神邁，雄才大略，運籌計算，〔二〕料敵决勝，豈止十三篇權術而已哉，皆以仁義不殺爲主耳。吾聖天子以仁義將將，淮安王以仁義將兵，簞食壺漿，室家相慶，一統天下，郡縣四海無往而不捷，則天地一民，〔三〕莫非其有矣。〔四〕異哉，聖元豪傑何其盛邪！

大德甲辰秋七月朔，玉賓子鄧錡序。〔五〕

校勘記

〔一〕而征　原作「征□」，此據守山閣叢書、芋園叢書本改。

〔二〕牧　守山閣叢書、芋園叢書本作「牧野」。

〔三〕三千人而滅　守山閣叢書、芋園叢書本作「師三千人」。

〔四〕深　清抄本C作「徑」。

〔五〕貽誚千古　「貽」，清抄本C作「遺」；「千」，原誤作「于」，此據清抄本B、清抄本C改。

〔六〕大德　清抄本C作「文德」。

〔七〕其　原作「□」，此據清抄本C。

〔八〕人　原文、清抄本C作「又」，此據守山閣叢書、芋園叢書本。

〔九〕放　清抄本B、清抄本C作「牧」。

〔一〇〕九百　芋園叢書本作「八百」。

〔一一〕孫武子　守山閣叢書、芋園叢書本作「孫子」。

〔一二〕籌　原誤作「算」，此據清抄本B、清抄本C改。

〔一三〕天　守山閣叢書、芋園叢書本作「尺」。

〔一四〕其有　原作「有者」，此據守山閣叢書、芋園叢書本。

〔一五〕玉賓子　原誤作「王賓子」，此據清抄本B改。

序

天以大元世祖皇帝神聖文武，一統天下。時則有若伯顔丞相，如阿衡之於成湯、太公之於武王，可謂聲應氣求、雲龍風虎之會者哉。〔一〕中統四年，入侍天顔，一命中書省平章，再命中書省左丞相，三命領樞密院事。至元十一年甲戌秋九月，董師南伐，浮漢江而下，首降復州，〔二〕不以一兵一騎，入城不鹵一民，不掠一物，所至皆然，而斗南諸郡望風歸附矣。十二月辛亥，舟師出沙武口，〔三〕入大江。宋之所恃者江，無江則國亦無矣。此丞相獨斷第一功也。乙卯，以舟載鐵騎三千，令阿朮平章渡上流二十餘里青山磯，〔四〕戰於江中，果得南岸。拂早來報，丞相大喜，此一舉天下之奇兵也。一相渡上流，一相渡下流，天下定矣。丞相時親攻陽邏堡，〔五〕擊走夏貴數十萬衆，天下大定矣。於是黄以西、鄂以東郡無不降，安慶范文虎降爲先鋒。十二年乙亥春二月庚戌，宋平章賈似道部孫虎臣兵十萬餘屯丁家洲，遣使稱臣納幣，〔六〕乞退師，不許。己未，大戰江中，擊走之，二人僅以身免。四月，留屯建康，俟秋再舉。七月，朝上都，拜中書省右丞相，保奏阿朮拜左丞相。右相東下，兵盡東海，左相西上，兵盡南海，天下大定矣。八月，自淮東渡江，常州已降復叛。十一月，屠其城。

十二月，宋相陳宜中約降。十三年丙子春正月，至長安，陳宜中不至，遁。甲申，至皋亭山，宋使來獻寶璽降表。三月丁卯，入杭城。〔七〕甲戌，赴闕，遷宋全太后、幼主北行，太皇謝太后病，未遷，福王與芮、相吴堅以下皆北。宋相文天祥先留軍中，至鎮江遁。此丙子平宋録之大略也。

然則以世祖皇帝之聖，佐以伯顔丞相之賢，天固與之。宋以老后、幼主，佐以權臣賈似道之奸，其罪之尤大者，叛盟爽約，留信使于淮郡，援逆雛于山東，天實亡之。福善禍淫，皆天也。求爲此序者，前杭州司獄燕山平慶安。

大德八年甲辰九月十五日，通議大夫、前建德路總管兼府尹方回撰。

校勘記

〔一〕會者哉　守山閣叢書、芋園叢書本作「會哉」。

〔二〕首　守山閣叢書、芋園叢書本作「所」。

〔三〕舟師出沙武口　「舟」，清抄本Ｃ作「奇」；「沙武」，守山閣叢書、芋園叢書本作「沙河」，元史卷八世祖紀五、卷一二七伯顔傳作「沙蕪」。

〔四〕渡　原缺，此據守山閣叢書、芋園叢書本補。

〔五〕陽邏堡　原誤作「陽邏僅」，此據守山閣叢書、芋園叢書本改。

〔六〕使　原缺，此據守山閣叢書、芋園叢書本補。

〔七〕杭城　守山閣叢書、芋園叢書本作「杭州城」。

序

司獄平慶安上言于朝，立太傅伯顔公之祠於錢唐武成、忠烈二廟之間。未獲先世之令典，以宜其施。〔一〕惟耆艾是求，次及于僕。夫爲世功業，吾山林之士所不言也，謝不能已，復以所聞。

昔先王之有天下也，於其左右之臣，必疇其爵邑，錫之土田，樹之旂常，分之彝器，使其子孫奉其祭祀，若周之太公、漢之子房，是其人已。封建既廢，斯道不復，而名臣之迹亦有所表以不泯于世。〔二〕故白起祠於杜郵，馬援祠于南海，諸葛祠于三巴，張巡祠于睢陽，皆所以明施報之義，〔三〕揚盛大之業也。

今國朝之興，〔四〕元輔之臣，股肱爪牙之士，辨博之人，〔五〕肩摩踵接，固多有之。以僕所覩，未有逾于太傅者也。用兵江漢，不嗜殺戮，城下之日，萬姓謐然，是太公之將也。輔我聖皇，克正大位，是子房之傅也。而廟祀之禮未及白起、馬援之徒，則人之説者固斷斷于是矣，亦何以顯昭代之恩，立賢者之勸哉！况於錢唐，爲立功之地，飭之祠宇，使耄稚承事，無有厭斁，其義不淺，亦使武成之廟，太公、子房之靈，有昭有烈，顧不偉與！夫揚國家之美者，臣子之心也。捐已然之物者，天下之言也。僕夙嬰孤蹇，寄迹黄老，飄舉世外，何取何遺，以其諏於僕也，聊誦所聞酧其請。當塗杜道堅敬書。

太傅伯顔公像

天生哲人　具知仁勇

其功伊何　正大一統

當塗杜道堅敬贊〔六〕

校勘記

〔一〕宜　芋園叢書本作「宣」。

〔二〕于　清抄本B作「百」。

〔三〕所　清抄本C作「祈」。

〔四〕興　原誤作「典」，此據清抄本B、清抄本C改。

〔五〕博　原誤作「傅」，此據守山閣叢書、芋園叢書本改；「人」，原誤作「又」，此據清抄本C改。

〔六〕敬贊　原缺，此據清抄本C補。

大元丙子平宋録序

人有禦大灾、排大難、立大功，則祠祀之，謂其能爲斯民立命，爲斯世開太平，追慕其功德，使之血食于後世。如禹之平水土，伊尹之相湯，太公之佐武王，周公之輔成王，漢之三傑，蜀之諸葛孔明，晉之羊叔子，唐之裴度、顔真卿、郭子儀，皆廟食于百世不廢也。

惟我大元伯顔太傅大丞相忠武淮安王，以振振麟族，游于宗藩。中統癸亥，由西入覲，世祖皇帝一見之頃，如協夢卜，託以股肱心膂之寄，〔一〕隨拜中書平章事，凡軍國繁劇，剖決無留。至元改元已來，宋權臣賈似道于我大國背盟失信。至元甲戌秋，王奉詔南征。冬十二月，大兵飛渡長江，如履平地，暨還闕大拜，復提師取江淮數十州，直搗蘇秀，所向風靡，兵不血刃，皆納款降附。至元丙子正月十八日，軍次杭州北關，〔二〕秋毫無犯，市不易肆，宋都生靈咸被更生之德。時屯兵浙江沙滸，聞宋太皇與宫女宫中耽望，〔三〕仰天祝曰：「海若有靈，波濤大作，一洗而空之。」無何，胥濤薾遁者三日，〔四〕自非王忠誠感格，疇克臻此！宋人始知天助人順，氣數將移，遂于二月之六日，率其國大臣等，望闕拜伏歸覲。王隨以密旨召還，班師振旅，其豐功偉績，允謂窮天地亘古今不世之盛名，〔五〕無以加于此者。雖庸人孺子，皆得而言之。惟王謙謙不伐，了無德色，告成於上，勇退揆席，〔六〕優游緑野二十餘年，天下蒼生方將徯王復用，奈降年不永，一旦棄人間事，至今江南遺老感王不殺之恩，〔七〕懷王撫綏之德，聞王之薨，莫不涕流。〔八〕王生於丙申，薨于至元甲午之冬，享年五十有九，子孫皆顯于朝。竊惟王恪恭乃職，〔九〕克成大業，未有能發王之心而聞諸上者，獨杭州路司獄燕山平慶安，奮身陳言于宣撫□□。奉使嘉其言而轉呈都省，遂獲聞奏，追封淮安王，謚忠武，都省俯從祠祀之請，俾之募緣以集其事。平司獄又能貨廬買木，以倡其首，請佃杭城亡宋武學故基武成王廟之東，〔一〇〕建立祠宇，往來之人，得瞻廟貌，皆發忠義之心。仁義哉！平司獄之操心也。且鋟梓王行實傳于世，名之曰丙子平宋録。開卷瞭然，見王勛業之大。凡當時同心戮力之人，〔一一〕因王而得彰其名於天下後世，又知平司獄倡義揚善之盛德，顧不偉與！時則有嘉其志之竟成，〔一二〕屬予爲之序云。

大德八年歲在甲辰秋九月，前松江府正錢唐周明序。

校勘記

〔一〕股肱　清抄本B作「肱股」。

〔二〕北闕　原作「北闕」，此據清抄本B、清抄本C。

〔三〕太皇　守山閣叢書、芋園叢書本作「太后」。
〔四〕藾　守山閣叢書本作「荼」，芋園叢書本作「恭」。
〔五〕不世　清抄本B作「百世」。
〔六〕退　原作「□」，此據守山閣叢書、芋園叢書本。
〔七〕遺老　原誤作「遺留」，此據守山閣叢書、芋園叢書本。
〔八〕涕流　守山閣叢書、芋園叢書本作「流涕」。
〔九〕竊　原誤作「靖」，此據守山閣叢書、芋園叢書本改。
〔一〇〕亡　原誤作「主」，此據守山閣叢書、芋園叢書本改。
〔一一〕同心　清抄本B作「全心」。
〔一二〕竟　守山閣叢書、芋園叢書本作「克」。

卷上

丞相素有盛德，不屑細務，重厚深沉，外莫窺其際。中統四年，自西域入覲朝廷。〔一〕至尊一見，如有所感，遂以德器遇之，以心膂寄之，拜中書平章事。雖入省預政，默然寡言凡數月餘。〔二〕每事參決，無不中理，八座皆驚。再拜中書左丞相，次領樞密院事，調遣四方軍馬務繁，無少凝滯。

至元十一年秋九月，分閫南伐。其折衝禦侮，極有方略，信賞必罰，得士衆心，尤明于知人。其或以文進，或以武用，無不稱職。臨戎制勝，規畫經理，英謀獨運。以之攻城野戰者，某處宜攻，某處宜守，某時啓行，某時利戰，如此而成，如此而敗，臨機應變，間不容發。與夫兵家奇正分合之術，車騎卒伍之陣，山澤水陸之戰，若合符節，信乎其深于兵矣。孫子論智、信、仁、勇、嚴五者，丞相實全之。且古之取江南者，蓋有之矣。然皆值其君臣庸闇，謀謨乖次，内外離叛，是以用力少而見功多，所謂乘其間、投其隙，故得以肆其志。何况宋三百餘年，人心堅固，君臣輯睦，城郭脩完，兵甲精利，糧儲充足，將士如雲，謀臣盈廷。自我大元國以來，梯航所至，萬國來朝，靡不臣屬，抗衡不已，遂爲勍敵。丞相總兵南伐，〔三〕旗旄所向，戰無堅陣，望風披靡，長驅徑擣，〔四〕如入無人之境，取漢、鄂如拾遺，摧蘇、杭如拉朽。宋將身竄膽落，救死之不暇。用能獲其君臣，收全功而還，使我大元之化，雷動風行，際天所覆，悉爲臣妾，何其盛哉！

至元十一年甲戌正月，上命左丞相伯顏節制諸軍伐宋。〔五〕七月，伯顏陛辭，上諭之曰：「古之善取江南者，唯曹彬一人。汝能不殺，是亦曹彬也。」〔六〕

九月甲戌，〔七〕大會兵於襄樊。是月丁亥，沿于漢江而下，前後延袤旌旗數百里，水陸並進。丞相遣萬户武顯等前鋒趨郢州，〔八〕至灤水。〔九〕時值雨淋漲溢，以無舟楫病涉，遂駐兵於灤水之濱。丞相大軍繼至，武顯等趨迎馬首告曰：「灤水泛濫，〔一〇〕軍馬懼其漂没，以故待之。」丞相怒責曰：「此水小而不敢渡，〔一一〕焉敢渡大江耶？」竚馬軍中，召一壯士負甲仗渡水，而軍馬長驅悉渡，亦無漂没者，諸將長其威武。〔一二〕諸軍既渡，丞相令禁軍中有敢殺馬，以罪罪之。於是一軍人殺馬，即遣誅之。至炎山，前鋒來報郢州消息，丞相遂至郢，軍郢城之西。其城在江北岸，以石爲之，高接山形，矢石莫能近，攻之無益。有人來言：「江南有城曰新城，彼于江水中密樹樁木，以絶舟楫往來，下流又置城于黄家原堡，彼軍堅拒，諸將極難爲力。於是丞相歷觀郢之形勢，〔一四〕其黄家原堡西有溝渠，〔一五〕深闊數丈，淋雨月餘，其水漲溢，南通一湖，至江甚近，可令戰艦悉達漢江以避郢軍。」言訖，丞相遣數將率兵進黄家原堡，即日克之，總管劉二、李勞山首獲戰功。丞相遣兵圍郢，又遣兵治平江堰，〔一六〕破竹爲薦地，盪舟而過郢城，遂入漢江。大軍將進，諸將告曰：「郢城乃我之喉襟，今不取而過，後爲歸路患，必當取之。」不聽。諸將數言郢之不利，丞相罵言：「汝曹欲爲困襄陽之計，〔一七〕俱爲龍斷者邪？用兵緩急，〔一八〕我具知之。〔一九〕況攻城乃兵家之下計，大兵之用，豈惟在此一城哉！若攻此城，大事失矣！」〔二〇〕

冬十一月戊子，大軍發郢城。丞相而下，平章阿朮及諸將帥不滿百騎，〔二一〕殿後而進。前去大軍數里之間，後有郢州城將帥趙統軍帥精兵數千騎追之。丞相暨平章阿朮等未及介冑，〔二二〕而廻渡迎敵，大破郢兵于漢上。丞相親將馬軍，揮戈斃之。其餘將士死者不可勝計，生獲數十人。〔二三〕

乙未，至沙洋，敷陳禍福，招諭歸降。其守軍串樓王、搆索王等堅壁不降，遣兵攻之。時軍中有相士李國用者祭風，風遂大起，以助兵攻。丞相令砲手張元帥等順風以火砲攻之，煙焰燎天。俄而，城陷，生擒首將串樓等四人。丞相令曰：〔二四〕「應拒敵者，悉斬之。」

沙洋南五里，至于新城，其將邊都統鎮守焉。丞相令軍衆將戮沙洋軍人首級列于城下，執縛沙洋將串樓王等，望城呼曰：「邊都統宜速歸降，如其不然，則禍在於目前。」至暮，其將黃都統踰城而降。丞相擬授招討使，即以金符佩之。又遣人復招邊都統。回言曰：

「請參政吕文焕話。」于是參政吕文焕乘騎于城下，〔二五〕彼軍一時飛矢如雨，中吕文焕右臂，墜馬，抵城避之。須臾，奔趨而還。〔二六〕己亥，丞相遣兵衆攻之，彼將統副任寧踰城而降。〔二七〕丞相乃督衆乘勢攻之，〔二八〕下令曰：「如降者，悉免。應拒敵者，皆斬之。」其城中軍民往往踰城而降。是日，進攻，拔之，首將邊都統自焚而死。於是丞相將沙洋所擒將串樓等四人亦誅之。

大兵遂至復州。〔二九〕遣人諭其主帥曰：「汝曹若知幾而降，有官者仍居其官，吏民安堵如故，衣冠仍舊，市肆不易，秋毫無犯，闗會銅錢依例行用。」其翟安撫貴即日出降。〔三〇〕諸將言于丞相曰：「自古降禮，當要降表，〔三一〕須知計點錢糧軍數，差官鎮守。」丞相不聽，省諭諸將，無令一軍入城，違者斬之，於是無秋毫之擾。丞相温言慰諭之。翟貴曰：「貴今官守復州，如是不降，一郡生靈必遭殄滅。貴今已降，家屬在鄂州必不能免。」丞相曰「汝今迎師而降，鄂州親屬可令無虞」云云。丞相召貴曰「復州去江陵不遠，汝遣使去招諭」云云。〔三二〕「付汝蒙古文字令，使江陵之人賫之，如遇後軍，見之，不敢爲害」云云。諸將又曰：「當要降表，須知錢糧軍數。」丞相曰：「不然。倘復州不肯歸附，亦不宜攻擊。自今時日相逼，前去大江不遠，我軍悉戰力争，不在於斯，在於渡江耳。」諸將皆曰：「諾。」

丞相大會諸將，議渡江事。即日遣總管劉深、千户馬福觀沙湖水勢，令諸將皆趨漢口渡江。諸將曰：「漢口水急，彼軍且有備禦。」丞相不聽。我軍徑過淪河，軍於蔡店，去漢口且近。是日，兵衆圍漢陽軍，取漢口渡江。夏貴併力守禦。丞相遣數將帥舟師，至夜復回淪河、沙湖，〔三三〕曰：「汝輩如至陽邏堡或沙湖近處，〔三四〕遣人速來報。」〔三五〕先遣萬户阿剌罕蒙古騎兵倍道兼趨沙湖口。〔三六〕丞相帥兵前進。

冬十二月庚戌，軍于大江之北，丞相輕騎觀大江形勢。辛亥，自漢口開壩，引船徑入淪河，〔三七〕轉至沙湖口，達于大江。壬子，丞相以戰艦萬計，相尾而至。先令戰艦數千艘，泊于江岸北屯布，〔三八〕以輕舟維其後，〔三九〕會于淪河灣口。其蒙古、漢軍步騎數十萬衆，列于江北，旌旗彌望。宋人觀之，駭然墮氣。即日，夏貴帥漢、鄂州師順下流迎敵。至夜，彼潛發舟師犯我軍船。有總管張當見之，遂戰，宋兵敗還。是日，諸將言曰：「沙湖口南岸，彼屯戰艦一隊，可以攻取。」丞相不聽。呂文焕又言：「彼船攻之，必獲。」丞相答曰：「吾亦知其必獲。吾之所慮，諸將獲小功，驕惰其志，有失大事。吾自料之，可一鼓而渡江，獲其全功，無貪小利。」諸將皆曰：「然。」丞相令諸將各脩攻具，進陽邏堡，一名武磯。〔四〇〕癸丑詰旦，遣人於陽邏堡往諭宋之將士，宣布朝廷威德，招諭來降，宋將弗聽。夏貴以戰艦數千餘艘列于大江之下，橫亘江面，〔四一〕其勢堂堂，若不可近。甲寅，又遣人敷陳旣福於宋將。宋將答曰：「我輩累受大宋重恩，政當戮力死圖報効，〔四二〕此其時也，安有叛逆歸降之理！脩我甲兵，〔四三〕決之今日，我宋之天下賭博孤注，輸贏在此一擲耳。」丞相遂指揮諸將進兵攻陽邏堡城，竟日不克。是日，軍中相士李國用告丞相曰：「天道南行，〔四四〕大江必渡。夜觀金、木星相犯，若二星交過，則可渡矣。」丞相曰：「征伐大事，戰勝攻取，在將之籌畫。天道幽遠，安可作准？」〔四五〕笑而慰之。乙卯，復攻之。密謀于阿朮平章曰：「今宋將之心，謂我必拔此陽邏堡可以渡江。〔四六〕况此堡堅，攻之徒勞。若今夜令汝鐵騎三千，汎舟泝流而上，趍視其陣，料彼上流雖有備而不堅，當爲擣虛之計。以來日詰旦，且渡襲江南岸，速遣人報我。」阿述平章然之。是夜，遂行於上流二十餘里，〔四七〕泊于青山磯。中夜，帥舟師戰于江中，〔四八〕果得南岸。丙辰拂早，阿述平章遣譯史馬文志來報，〔四九〕曰：「平章承命而往，已過江矣。」丞相大喜，遣步將數萬急攻陽邏堡。軍中有被傷者，親爲安慰，賜藥以療之，由是愈得士衆心，臨陣無不用命，以一當百。是日，丞相被堅執鋭，親冒矢石，臨於行陣，指揮諸將，帥舟師數萬衆直衝宋將兵船，大戰江中。我軍乘鋭攻之，無敢當其鋒。宋兵大潰于江中，陽邏堡人心瓦解。〔五〇〕宋兵數十萬衆，死傷者幾盡，流屍蔽江而下。夏貴僅能脱命，棄舟遁去白虎山，抵暮方止。諸將舉觴稱歎曰：「自大元開創以來，丞相出師，一鼓而下江左，乃建大元丕洪之業、不世之功，非丞相其孰能與於此！」丞相答曰：〔五一〕「殆非我一人之智，乃聖天子洪福，諸將之力也。」於是留宿于江壖。

次日，凱還勞軍，會議取鄂州。戊午，大兵渡江。己未，漢陽軍降。是日早，至岳州，遣呂文煥、斷事官楊仁風、總管楊椿等直抵城下，宣揚威武，曉以成敗，曰：「汝之宋國，所恃者江、淮而已。〔五二〕今我大兵飛渡長江，如蹈平地，汝輩不降而何？〔五三〕若爾堅拒，大兵一舉，枕屍流血，在于目前，生靈何辜？」于是鄂州張宴然遣計議官王屆出城議降事。〔五四〕庚申，張宴然率衆來降。辛酉，大宴于李庭芝園。〔五五〕壬戌，丞相定新官品級，升加有差，撤宋兵衆，分于諸軍之中。其城向日有陷宋邊民及戍卒甚多，往往悉黥其面，相率來告，願歸故里。丞相悉縱之，號令諸將曰：「所部軍兵，毋令侵暴百姓，違者罪及官長。」去苛從簡，民皆悦服。丁卯，遣懷孟萬户也的哥、總管忽都歹兒及新附官趙都統、孟都統等馳驛奏渡江之捷。〔五六〕又遣萬户阿剌罕提精兵數萬暨前鋒黄頭奪壽昌糧，得四十萬斛以充軍餉，鎮守黄河。〔五七〕議留右丞阿剌海牙宣撫，〔五八〕斷事官楊仁風、郎中鄭鼎、〔五九〕提控宋熙及諸將分兵守鄂，仍行中書省。己巳，丞相暨平章阿述領兵東下。庚午，露宿。中夜，丞相遣阿述率舟萬餘衆，先據黄州江口。丞相至壽昌，遣荆湖宣撫程鵬飛、總管楊椿往諭城守副制置陳奕。〔六〇〕奕遣總管石國英、劉仁等過江至壽昌請降，仍求名爵。丞相曰：「汝既率衆歸降，何必慮及名爵？」率令石國英等還黄州。丞相即召幕官議陳奕名分事，即以沿江大都督許之。奕大喜。

十二年正月癸酉，丞相從舟抵黄州城下，陳奕出降。次日，多示榜文，綏撫居民，内外帖然。陳奕兵分置諸將。召奕問曰：「汝有子乎？」陳奕答曰：「有子岩，守漣水，可密遣人致書招來。」丞相從其言。是夜，陳岩潛出。繼而遣使分道招諭，黄仙石、金剛臺諸山鎮悉降。

丁丑，丞相與阿术召陳奕、吕文焕謀取蘄州。丞相曰：「向聞管景模、王滕、吕師道等與汝最相親，汝可密書示之，則令來降，不亦可乎？」於是陳奕、吕文焕遣人至蘄州。〔六一〕管景模答書來降。辛巳，先令吕文焕、陳奕及蒙古萬户等選水軍精鋭者數萬衆，汎舟而下趨蘄州。壬午，平章進兵蓮子灣。是夜，吕文焕遣使賚吕師道、夏貴與管景模、池州張林等書，及言□□□□□林，今欲先據蘄州。〔六二〕丞相密議，令阿述帥舟師先造蘄州，丞相部水陸之師繼至蘄州城下。是日，管景模率衆出降，〔六三〕加以淮西宣撫使，〔六四〕吕師道授同知，留千户帶荅兒鎮守。〔六五〕即日，阿述率舟師先進，趨江州。丞相嚴戒將士曰：「甲仗俱要精礪，違者罪之。」水陸並進。癸未，宿于富池。甲申，軍于城。乙酉，雨作，江州吕師夔、錢真孫遣人遠迓。〔六六〕

丙戌，至江州，城中士庶拜迎馬首。是日，大宴。戊子，吕師夔請丞相及阿术等大宴庾公樓。即日，安慶范文虎遣人持酒果來迎，南康軍官吏來降。〔六七〕是日，有安撫錢真孫選趙氏宗族女佳麗者二人，盛粧，欲納丞相。丞相辭曰：「我奉聖天子命，興仁義之兵，〔六八〕取江南，除殘去虐，豈以女色移我之志乎？」卻不受，即遣歸其家。宴罷，出城宿于東郭。〔六九〕夜半，風大起。己丑，大雨，丞相定渡江人員功賞。時雨連日不止，令吕師夔傳檄江右州鎮，播揚威德，招諭歸附。范文虎遣其姪機宜請丞相速來，欲降。丙申，丞相議江右已歸附州軍官員名爵及進取事體、功賞等事，令左右司員外郎石天麟同萬户也先卜馳驛赴闕敷奏。戊戌，安慶范文虎遣使來報：「阿荅海、劉整等行樞密院遣軍臨城招諭，我輩不從，衆心願俟丞相。」池州張都統亦遣人來降。丞相令阿朮帥舟師逕赴安慶。丞相率水陸兵至湖口，岸闊數里，〔七〇〕遣千户甯玉等脩繫浮橋，〔七一〕以渡兵衆。〔七二〕是時，〔七三〕風大水急，橋不得成。〔七四〕或言於丞相曰：「番陽湖内大孤山神祠，請禱之。」丞相然之。遣人詣大孤山，禱曰：「欽奉大元皇帝命，舉兵以征不庭。長江既渡，今湖口大風數日，阻我兵不能進。如祭之風定，後則許汝歲時無缺祭享，〔七五〕若風不息，汝必不安。」是日，祭回風息，大軍遂渡。丞相令江州士民歲時祭享。丞相發江州，阿朮遣使來言曰：「安慶范文虎已降，今依命同本官招諭池州。」

二月丙午，大兵至安慶。丁未，丞相令行樞密院軍馬過江相合。行院官劉整卒。戊申，發安慶。庚戌，至池州，張都統出郭迎丞相。是日，賈似道、孫虎臣帥師十餘萬衆于池州下流，〔七六〕屯於丁家洲。賈似道遣宣使阮克己、宋京等賫書求和，請退兵稱臣，願歲貢幣。丞相遣千户囊加歹暨來使同往，答書於似道云：「我奉旨舉兵渡江，爲爾失信之故，安敢退兵？如彼君臣相率納土歸附，即遣使聞奏。若此不從，備爾堅甲利兵，以決勝負。」囊加歹回言：「似道從求和，不從歸附。」丁巳，丞相率兵至於丁家洲，去彼軍數里屯駐。戊午，丞相觀賈似道、孫虎臣兵衆數十餘萬，勢若雲屯。己未，丞相指揮諸將，授以方略，夾于江岸，樹砲、弓弩等具，併力攻之。丞相暨阿朮乘舟督戰，宋兵大敗，追殺數十餘里，〔七七〕江面流屍，水爲之赤。賈似道、孫虎臣僅得脱。太平州孟之搢出郭迎降。是日，建康翁都統遣人來報，云：「趙制置棄城遁去，請大丞相速至，受歸附。」丞相先遣吕文煥及招討唆都、按察副使焦寬甫等，賫榜文往建康撫諭軍民。丞相進兵過太平。

三月癸酉，至建康，大賚三軍。鎮江亦遣使來降。丞相遣行樞密院軍馬屯守鎮江。由是淮西、江南、滁州、寧國等大小數十餘城，傳檄款附。庚寅，遣員外郎石天麟等皆詣闕奏事。至尊大悦，凡渡江獲功人員及士卒升賞軍務等事，皆可其奏。丞相駐師建康，令樞密院阿荅海併參政董文炳等分兵鎮守鎮江、兩淮沿江所歸附州郡，〔七八〕俱選素有威望萬户人員與新附官同鎮守撫治。〔七九〕丞相約束諸將分守城壁者，不令下鄉侵擾人民，違者加之重罪。

是月，尚書廉希賢、〔八〇〕侍郎嚴忠範、計議官宋德秀等奉國書使宋臨安，請益兵護送。丞相曰：「汝既奉國書前赴臨安，莫若先遣一個宣使前往，諭彼官吏，預知其意，然後可進。況我大兵壓境，繼後而進，宋人未必敢傷害汝輩。〔八一〕不宜益兵護送。吾恐宋人見汝輩多擁兵衆，心生疑惑，別有異議，〔八二〕于汝輩深爲未便，切宜熟思。」〔八三〕廉尚書等堅請護送，遂許之。翌日，遣兵數百人護送至獨松嶺，皆被宋兵所害，果如所料。

次日，令孟之搢及唆都行江都宣撫事，撫治建康。臨安洪都統輩密遣人從間道致書于建康歸附官翁都統、徐都統，僞相通好，其辭迫切，言殺信使之事，宋太皇、〔八四〕嗣主實皆不知，乃邊將之罪，今爲搜捕斬首謝罪，宋氏君臣意望大兵不欲東向，願輸歲幣，請煩諸君代于大丞相處善爲辭焉。丞相聞之，謂將佐曰：〔八五〕「宋人譎詐爲計，以視我之虛實，吾當就而用之。〔八六〕臨安之行，孰可同往？亦觀彼中事體，仍爲我宣布朝廷威德，令彼之君臣早爲歸附，免致加兵，使生靈無辜塗炭。」諸將佐皆曰：「善。」呂文煥等言於丞相曰：「議事官張羽爲人端愨剛決，兼有才略，其人可往。」丞相然之，召而問之。〔八七〕羽曰：「雖蹈廉、嚴之覆轍，然事不避難，臣之職也，羽何敢辭！」〔八八〕夏四月乙丑，遣張羽與宋人同之臨安，至蘇州遇害，時人莫不傷之。

校勘記

〔一〕西域　原誤作「西城」，此據清抄本改。

〔二〕凡　清抄本作「幾」。

〔三〕南伐　芋園叢書本作「江南」。
〔四〕徑　芋園叢書本作「直」。
〔五〕左丞相　原誤作「右丞相」，此據芋園叢書本改。
〔六〕亦　原文、清抄本B、清抄本C作「一」，此據守山閣叢書、芋園叢書本。
〔七〕九月甲戌　原作「甲戌九月」，此據元史卷一二七伯顏傳「九月甲戌朔，會師于襄陽」改。
〔八〕萬户　原誤作「方户」，此據清抄本C改。
〔九〕濼水　原誤作「漂水」，清抄本B、清抄本C、守山閣叢書本作「溧水」，此據芋園叢書本。下同。
〔一〇〕泛濫　芋園叢書本作「泛溢」。
〔一一〕軍　守山閣叢書、芋園叢書本作「兵」。
〔一二〕而　原缺，此據守山閣叢書、芋園叢書本補。
〔一三〕長　守山閣叢書、芋園叢書本作「伏」。
〔一四〕丞相　宋季三朝政要卷四作「文焕」，即吕文焕，疑是。
〔一五〕西　原誤作「向」，此據守山閣叢書、芋園叢書本改。
〔一六〕兵　清抄本B、清抄本C作「兵衆」。
〔一七〕曹　原誤作「嘗」，此據守山閣叢書、芋園叢書本。
〔一八〕緩　原誤作「瑗」，此據清抄本B、清抄本C改。
〔一九〕具　原作「其」，此據守山閣叢書、芋園叢書本。

〔一〇〕失　原作「去」，此據清抄本B、清抄本C。

〔一一〕帥　原誤作「師」，此據清抄本B、清抄本C。

〔一二〕介　原誤作「分」，此據清抄本B、清抄本C。

〔一三〕十　原作「千」，清抄本C、守山閣叢書、芋園叢書本作「十」。元史卷一二七伯顔傳記載此戰元軍「生獲數十人」，故從。

〔一四〕令　原作「下」，此據守山閣叢書、芋園叢書本。

〔一五〕參政吕文焕乘騎于城下　「參政」，原誤作「泰參政」，此據清抄本B、清抄本C改；「乘」，原誤作「衆」，此據清抄本C改。

〔一六〕還　原作「已」，此據芋園叢書本。

〔一七〕踰　原作「踰越」，此據守山閣叢書、芋園叢書本。

〔一八〕乃督　原作「□」，此據守山閣叢書、芋園叢書本補。

〔一九〕遂　原作「追」，此據守山閣叢書、芋園叢書本。

〔二〇〕其　守山閣叢書、芋園叢書本作「兵至」。

〔二一〕降表　守山閣叢書本作「表」。

〔二二〕云云　守山閣叢書本作「之云」。

〔二三〕沙湖　原作「沙河」，此據清抄本B、清抄本C、守山閣叢書、芋園叢書本。

〔二四〕汝輩如至陽邏堡或沙湖近處　「至」，原作「此」，此據守山閣叢書、芋園叢書本改；「沙湖」，原作「沙武」，此據守山閣叢書、芋園叢書本。
〔三五〕來報　守山閣叢書、芋園叢書本作「來報我」。
〔三六〕沙湖　原作「沙武」，守山閣叢書、芋園叢書本作「沙河」，此據上文統一爲「沙湖」，下同。
〔三七〕徑　原作「人」，此據守山閣叢書、芋園叢書本。
〔三八〕屯　原作「□」，此據清抄本C。
〔三九〕舟　原誤作「重」，此據守山閣叢書、芋園叢書本改。
〔四〇〕一名武磯　原文置於正文中，然據行文脈絡疑應爲小字夾注。
〔四一〕亘　清抄本B、清抄本C作「其」，守山閣叢書、芋園叢書本作「截」。
〔四二〕報効　原作「報功」，此據守山閣叢書、芋園叢書本。
〔四三〕脩我　清抄本B、清抄本C作「備吾」。
〔四四〕南行　原作「難行」，此據元史卷一二七伯顔傳改。
〔四五〕安可作准　清抄本B、清抄本C作「安可准」。
〔四六〕堡　原誤作「僅」，此據清抄本C改。
〔四七〕二十　宋季三朝政要卷四同，元史卷一二七伯顔傳作「四十」。
〔四八〕師　原缺，此據守山閣叢書、芋園叢書本補。
〔四九〕譯史　芋園叢書本作「驛使」。
〔五〇〕人　芋園叢書本作「衆」。

〔五一〕答　芋園叢書本作「對」。

〔五二〕淮　原作「□」，此據清抄本B、清抄本C、守山閣叢書、芋園叢書本補。

〔五三〕而何　守山閣叢書、芋園叢書本作「何待」。

〔五四〕張宴然　原作「張讓然」，清抄本B、清抄本C作「張宴然」，元史卷八世祖紀五、卷一二七伯顏傳同，故據改，下同。

〔五五〕庭　原作「廷」，此據守山閣叢書、芋園叢書本。

〔五六〕總管　守山閣叢書、芋園叢書本作「都總管」。

〔五七〕黄河　諸本皆同，疑爲「黄州」之誤。

〔五八〕右丞　原誤作「左丞」，此據元史卷一二七伯顏傳、元文類卷五九姚燧湖廣行省左丞相神道碑改。

〔五九〕鄭鼎　原作「□鼎」，天頭有校語：「『鼎』上一字，金壺本不空格，非是。」按至元十一年，陽城人鄭鼎隨伯顏軍參與攻取「新城、復州、陽邏堡諸地之役」，後鎮守黄州，參看鄭進榮元代陽城鄭氏家族史事輯考，（韓國）蒙古學二〇一五年第四十二號，第四七頁。鄭鼎應即「郎中□鼎」，故據補。

〔六〇〕陳奕　諸本均誤作「陳燮」，此據元史卷八世祖紀五、卷一二七伯顏傳、宋季三朝政要卷五所記「陳奕」改。下同。

〔六一〕蘄州　原文天頭校語：「以下蘄州之『蘄』字，金壺本均作『玕』。」按清抄本B、清抄本C、守山閣叢書本作「玕州」，芋園叢書本作「并州」。下同。

〔六二〕及言□□□□□林，今欲先據蘄州　原文天頭校語：「及言云云，金壺本作『且言管景模等，今欲大兵先據玕州』云。」守山閣叢書本同，芋園叢書本亦同，唯「玕州」作「并州」。清抄本B、清抄本C作：「及言設甘張來名林，今欲先據幵州。」不通。

〔六三〕出降　芋園叢書本作「來降」。

〔六四〕淮西宣撫使　原作「兩淮宣撫使」，清抄本C作「淮兩宣撫使」，即「淮西宣撫使」形訛，嘉靖蘄州志卷六節録平宋録作「淮西宣撫使」，元史卷一二七伯顏傳、卷一六五管如德傳同，故據改。

〔六五〕留千户帶荅兒　諸本均作「劉千户帶荅兒」，嘉靖蘄州志卷六節録平宋録作「留千户帶荅兒」，元史卷一二七伯顏傳作「留萬户帶塔兒」，故據改。

〔六六〕錢真孫　原誤作「錢真卿」，此據清抄本C、守山閣叢書、芋園叢書本。下同。

〔六七〕官吏　原作「於千吏」，不通，此據清抄本B、清抄本C。

〔六八〕兵　守山閣叢書、芋園叢書本作「師」。

〔六九〕東郭　芋園叢書本作「東郊」。

〔七〇〕岸闊　「岸」，清抄本B、清抄本C作「湖口岸」；「闊」，原誤作「闕」，此據清抄本B、清抄本C。

〔七一〕遣　原作「丞相遣」，此據清抄本B、清抄本C。

〔七二〕兵衆　原作「兵」，此據清抄本C補。

〔七三〕是時　清抄本C作「時」。

〔七四〕得　清抄本B、清抄本C作「能」。

〔七五〕無缺　清抄本C作「血食」。

〔七六〕池州　原作「汜水」，清抄本B作「氾州」，此據清抄本C、守山閣叢書、芋園叢書本。

〔七七〕追殺數十餘里　經世大典之征伐・平宋條作「追奔百五十里」，元史卷八世祖紀五作「追殺百五十里」，卷一二七伯顏傳作「追殺百五十餘里」。

〔七八〕併參政　原倒誤爲「參政併」，此據守山閣叢書、芋園叢書本改。

〔七九〕鎮守　原作「撫守」，此據清抄本B、清抄本C。

〔八〇〕廉希賢　原作「廉希□」，「□」右補「原」字，諸本均同，此據元史卷八世祖紀五、卷一二七伯顏傳改。

〔八一〕未必　清抄本B、清抄本C作「必未」。

〔八二〕有　原作「省」，此據清抄本C。

〔八三〕熟思　守山閣叢書、芋園叢書本作「熟慮」。

〔八四〕太皇　守山閣叢書、芋園叢書本作「太后」。

〔八五〕謂將佐　清抄本B、清抄本C作「謂諸佐」。

〔八六〕吾　原誤作「從」，此據守山閣叢書、芋園叢書本改。

〔八七〕召而問　原缺，此據清抄本B、清抄本C補。

〔八八〕臣之職也，羽何敢辭　「職也羽」三字，原缺，此據清抄本B、清抄本C補；「何」，原作「之」，此據清抄本B、清抄本C。

卷中

夏四月乙丑，阿朮奉聖旨分兵築圍守揚州，屯於瓜州城。丞相與呂文煥及諸將鎮守建康，候秋再舉。翌日，侍奉御愛仙奉旨召丞相赴闕計事。〔一〕丞相令蒙古萬户阿剌罕權省事，仍咨陞□□郎中孟祺、〔二〕員外郎劉江議事。

五月辛巳，丞相趣裝發建康。壬午，至鎮江，會阿朮、〔三〕阿荅海等議鎮守等事，仍諭諸將練習所部水陸士卒，甲仗務要嚴整，緩急適用，〔四〕毋令怠惰。諸將受指揮還。癸未，同呂文煥濟江北，石天麟從行。至清河口，丞相馳驛先赴闕，敷陳平宋籌畫。至尊悉皆嘉納。〔五〕

七月己丑，丞相拜中書右丞相，遂奏保平章阿朮之功，亦拜中書左丞相。

八月癸卯，發上都南行。丁未，〔六〕至大都，省院臺衆官留宴三日。辛亥，發大都，自河間取道山東路，直入益都，經沂、潭、漣海等處，〔七〕並巡視邊陲要害，〔八〕壁壘堅脆，用兵設備，調淮東元帥右丞孛魯歡、〔九〕左副都元帥右丞阿里伯所部軍兵萬衆，〔一〇〕附江而進。〔一一〕

九月戊寅，閱兵於淮安城下。淮東招討使、簽樞密院事別里迷失守新城兵亦會合。〔一二〕

是日，指授諸將方略。己卯詰旦，會兵于淮安城下，令安東州歸附官孫嗣武等扣城大呼，諭淮安等將許安撫曰：「丞相奉大元天子命，舉兵南伐，所向無前，聲勢震天，東連海嶠，西抵川蜀，沿江州郡，望風納款，其孰不知？今我等名爵有光于宋，乃至合境生靈俱獲安業，汝曹思之，宜速來降，則可轉禍爲福。如不然，城陷之日，誅滅無遺，悔將何及！」又繫文書于矢，〔一三〕射于城中，以搖衆心。辛巳，遣別里迷失領本兵船鐵騎拒其北城西門，丞相與孛魯歡、阿里伯等親臨南城堡，〔一四〕指揮諸將，分道進攻其堡。俄爾，〔一五〕兵衆鼓勇，長驅登城，遂拔之。宋兵大潰，趨奔大城之下。我軍追殺，直抵門，橋斷不得進，〔一六〕亦斬首數百級。癸未，平其南堡。〔一七〕

甲申，發淮安，南行。丙戌，至寶應軍。戊子，攻白馬湖，克之，泝流至清口、桃源，〔一八〕進至高郵境。遣帳前合必赤千户薛徹干等，〔一九〕先帥鐵騎數百趨高郵。遇宋兵，出戰，宋兵大敗，斬首數級。次日，丞相率諸將閱兵城下，觀宋壁壘而還。進至范光湖，〔二〇〕避兵之民甚衆。〔二一〕丞相遣人招諭，悉降。又遣侍衛軍總管顏聚等，乘戰艦五十餘艘，破草湖鄉賊，即日克之，令諸將秣馬俟行。

十月己酉，至揚州。庚戌，會兵圍守揚州，耀其威武，平章阿朮及右丞張惠、參政麥朮丁率諸將來迎。壬子，阿朮受左丞相宣。癸丑，丞相次大灣頭新堡，命諸將指揮方略。阿剌罕自建康來見丞相。是日，大雨，還營。乙卯，與左丞相阿朮兵合，令阿剌罕還建康起兵。辛丑，〔二二〕留孛魯歡、阿里伯等部鋭兵萬衆守灣頭堡。是日，大兵南舉。丞相觀揚子橋堡。是夜，宿於瓜州。壬戌，渡江至鎮江，宣讀聖旨於府廨，置行樞密院，令官阿苔海、董文炳同署行中書省。左丞阿苔海部左軍諸將先攻常州，〔二三〕不下。

丞相與阿朮議平宋大事，遂分諸軍爲三道，會于臨安。右軍以參政阿剌罕、四萬户總管奥魯赤等帥蒙古、〔二四〕漢軍步騎十餘萬衆，自建康出四安、廣德趨獨松嶺。〔二五〕左軍以參政董文炳、蒙古官帥萬户張弘範、〔二六〕萬户張抵、〔二七〕都統范文虎、王世强、管如德、史勝等，省都事楊晦領幕府事，水陸精兵數十萬，出江入海，取道江陰，進趨許浦、澉浦、上海、華亭等處。丞相暨左丞阿苔海至中道行都省事，統帥羣將，咸受節度，裁斷大事，帥蒙古、漢軍十萬衆水陸繼進，趨常州。是日，左丞相奉詔旨分兵鎮遏揚州，〔二八〕屯於瓜州。

十一月己卯，丞相出鎮江，宿於丹陽。壬午，至常州，前進之兵相持不決。至日，丞相帥大兵嚴圍其城，壁以立木爲之，其池塹既深且闊，攻之誠難。丞相召諸將指授方略，令各備攻具，期於來日，分道攻擊。又先遣人大呼城下，諭言曰：「城中將帥士庶，宜速來降，免爾曹拒敵之罪。」〔二九〕城中不聽。癸未，又令諸掾吏書諭文，射入城中，曰：「常州主帥、將校、庶士，〔三〇〕常州我大元已附之城，爾衆復來據之，〔三一〕大丞相領兵臨城，四面攻擊，勢易摧枯耳。然我念主上好生惡殺，務以招徠爲先，連日遣人告諭，未見聽從。爾之士民，勿以歸降復叛爲疑；爾之將士，勿以拒敵我師爲懼。約以來日，如能出城歸附，以保生靈，前罪一無所問，不妄戮一人，仍依沿江已附州城一例遷加爵賞，四民各令安業。若更執迷堅拒，城破之日，枕屍流血，老幼無遺。宜速審思，毋貽後悔。」又不聽。丞相親督帳前軍數千，臨于南城，又多建火炮及弓弩等具，〔三三〕日夜攻之不息。至甲申巳刻，丞相怒叱帳前諸軍，奮勇争先，登木城，即豎丞相紅幟於城上。四面並進，宋兵大潰，克之，遂屠其城。又蒙古都元帥闍里帖木兒、萬户懷都等率兵先據無錫。乙酉，丞相登常州水門，遣人捕索賊兵，悉斬之。丙戌，丞相號令諸將，其搜砲鄉民，廣給其榜，各歸其鄉。禁約：軍人不得妄行擄掠，犯者加以重罪。由是遠近皆安。丁亥，遣萬户宴徹兒、萬户蒙古歹等部水軍數千，巡捕太湖，會兵于江。戊子，賞勞獲功人員。

己丑，冬至。庚寅，遣乙乞里歹、宣撫游顯、唆都、〔三三〕總管楊椿等，會闍里帖木兒兵。遣懷都兵先趨平江。即日，參政董文炳遣使來送兩淮帳下王都統雄，〔三四〕即以嘉興招討使授之。平江主帥王邦傑等遣張撥、蔡汝達賫書來迓丞相。〔三五〕丞相慰勞遣之。〔三六〕遣使往諭懷都等官，曰：「此大兵到日，宜嚴飭將士，守護城池，勿得縱令侵擾百姓，如有犯令入城者，從軍法。」擬行省都事馬恕爲常州尹，多給榜文，招懷未附之民。是日，阿剌罕遣使來報，曰：「所部軍兵已過廣德，進趨獨松嶺。」丞相深然之。

十二月庚子，發常州。懷都遣使孛魯歡來報，彼宋柳岳奉使至無錫。辛丑，軍於無錫之西。壬寅，大設省幕，會集諸將，令奉使柳岳來見丞相，出示宋太皇暨嗣主國書，〔三七〕及示宋之大臣與丞相及呂文煥書。柳岳垂泣曰：「今日太皇太后年高，嗣君沖弱，更在先帝衰經中。自古禮不伐喪，望大丞相哀恕班師，〔三八〕免致三宮不安，陵廟動摇，〔三九〕敢不年年進奉，歲歲脩好！此誠奸臣賈似道失信，誤我國耳！」丞相答曰：「曩者我聖天子登極之初，遣使奉國書以修和好，汝國無賴，執我行人一十六年，〔四〇〕所以興師問罪。去載又將廉奉使等無故殺戮，誰之過與？如彼果欲我師不進，〔四一〕盍學錢王納土、李王出降乎？〔四二〕爾宋昔得天下于小兒之手，〔四三〕亦失于小兒之手。其道如此，卿何多言！」柳岳頓首，泣下不已，令千户囊加歹館伴焉。癸卯，遣招討抄兒赤、〔四四〕千户陳乞荅歹將宋柳岳及從來者宋、李二人，並嚴某所奉國書，赴朝廷稟奏。丞相軍于望亭東，令張惠、呂文煥先赴平江，同游顯等入城，取會公事。甲辰，平江主帥王邦傑、郡守王矩之等率衆遠來迎降，止于寒山寺南。乙巳，軍於平江西南五里。丁未，丞相入平江，登城觀兵，遂撤宋軍，布置我兵于城上。既而，復會諸將佐于府廳事，號令諸軍，不得輒入人家，擾害百姓，犯者重罪，於是居民晏然悦服。即日，遣囊加歹、范文虎下從者王政同柳岳赴臨安，〔四五〕録白諭宋主詔書一封，又丞相白宋臣書云云。董文炳遣都事楊晦來報，所部軍兵已下許浦、澉浦、顧逕、上海、華亭等處，已行撫定次第。丞相曰：「凡歸附官，可就便區處。」即日發回。又遣使覘前路窄隘，軍馬不容逗遛，令千户甯玉等前部軍兵，復修長橋等處通道，不旬而成。丞相召范文虎、忙兀歹行兩浙都督事，王邦傑充安撫事，王矩之遥授温州安撫，其餘歸附官員陞加不等。又遣使諭董參政，令萬户張弘範等軍還省，别聽區處，屯于平江。癸丑，譯史阿里自朝廷奏事回，俱准所奏。更囊加歹同宋使夏尚書、吕侍郎等自臨安來，賫到録白宋書云云。辛酉，宋使夏尚書等謁見丞相。是日，大宴議事。癸亥，遣宋使吕侍郎回。乙丑，范文虎下從人游和尚同宋使沈節僉賫宋太皇謝氏諭吕文焕敕，〔四六〕並與丞相書云云。是日，諭諸將曰：「今日宋臣陳宜中遣人來，〔四七〕爲會于長安鎮，〔四八〕且觀地面寬，足容我軍奥魯之地。」〔四九〕遂號令諸將將所部軍兵序各翼行伍，〔五〇〕俾令前進。其旌旗戈甲等事，務要嚴整，〔五一〕其令家屬輩留之于後。仍省會嚴禁諸軍：不用抄掠生口、〔五二〕侵奪人財、焚燒民屋，如有犯者，即以軍令從之。諸將士爲之屏氣，無敢妄動者。於是諸將聽受方略，分左右翼而進。諸將側目相視，莫測其機，亦無敢咨禀者。又遣范文虎、忙兀歹乘兵艦，會阿剌罕、昔里伯等取湖州。〔五三〕丙寅詰旦，登車。平江官屬軍集邀丞相賀正，甚堅。丞相曰：「我之軍馬爲大事，豈暇問此！」遂行。留游顯、懷都、萬户忽都不花王等分兵數萬，〔五四〕鎮守撫治。令甯玉等長橋鎮守太湖等處。〔五五〕

十三年春正月己巳，嘉興帥劉安撫舉城迎降。癸酉，宋使軍器監劉廷瑞賫陳宜中書與丞相云云，〔五六〕丞相亦回書云云。同日，遣囊加歹之臨安爲會。乙亥，宋劉察院賫到宋主稱臣表，并宋臣與丞相及吕文焕書云云，當即發回。丁丑，囊加歹同宋都統洪模賫陳宜中、吴堅與丞相書云云。戊寅，發宋洪都統還臨安。是日，丞相赴嘉興，〔五七〕留萬户忽都虎、千户王秃察等鎮守，劉安撫以安撫。〔五八〕庚辰，宋使吴路鈐臨安來會長安。是日，遣還。辛巳，洪都統來迓。是日，至崇德。壬午，至長安鎮，〔五九〕陳宜中約不至。癸未，過長安，鎮臨平。〔六〇〕甲申，至皋亭山。〔六一〕丞相娘子來到。丞相向問：「您怎生來？」〔六二〕「俺自來。」〔六三〕「你來呵，俺根前要富貴也者。你吃一盞酒，大事未了，你回去者！」〔六四〕娘子回程。宋使趙吉甫、賈餘慶同囊加歹來獻傳國寶玉璽、降表。受訖，即日遣。邀召陳宜中出議降事。〔六五〕

乙酉，〔六六〕兵至臨安北十五里，〔六七〕有囊加歹、洪都統遣人來報，云：「今日陳宜中、兩淮張世傑、蘇劉義、劉師勇等，挾廣、益二王由錢唐遁去。〔六八〕惟太皇太后、嗣君在宫不動。」丞相亟遣人分諭右軍阿剌罕、〔六九〕奥魯赤暨左軍董文炳、范文虎諸軍據錢唐，不令宋人來往，守禦之。

丙戌，遣宣撫程鵬飛、計議官孫鼎亨、囊加歹、千户洪雙壽往臨安，〔七〇〕入宫諭太皇太后。戊子，宋太皇后謝氏遣丞相吴堅、文天祥、同知樞密謝堂、〔七一〕安撫賈餘慶、中貴官鄧惟善等來見。丞相以温語慰之，〔七二〕遂遣吴堅、鄧惟善、謝堂、賈餘慶還臨安。丞相顧文天祥舉動不常，疑有異志，惟留文天祥于軍中。文天祥堅立思言歸，〔七三〕丞相但笑而不聽。文天祥於是目怒，〔七四〕曰：「我此來爲兩國大事，實是好意，况彼各男子已各釋之，何故將我執留？」丞相以温言答曰：「君勿怒。汝爲宋氏大臣，責任非輕。此來既是好意，今日之事正當與我共之，願爲數日之留。」遂令忙古歹、〔七五〕唆都館伴羈縻焉。是日，選平日與李庭芝相善者孟詣議、段安撫、田副使，往諭揚州制置李庭芝。又令程鵬飛、賈餘慶、洪雙壽之臨安，換宋主降帝號表章，及多給文榜于臨安市，綏撫士庶，無令驚擾，市井熙然，秋毫無犯。己丑，遣千户囊加歹、省掾王祐賫玉璽前赴闕進獻。是日，丞相至臨安北湖州市。〔七六〕

庚寅早，丞相之錢唐觀潮，於是宋宗室大臣以下及官屬來見。〔七七〕丞相皆撫慰之，閱兵而還。辛卯，董文炳、阿剌罕、奥魯赤等來見丞相，聽受指揮而去。張弘範、孟祺、程鵬飛等賫宋主降表及太后招諭未附州郡手詔，并三省、樞密院文字，令州郡一體歸附。遣都鎮撫唐兀歹、趙興祖等，先罷文天祥所招義兵二萬餘衆，令各歸鄉里，給與文榜，皆悦而歸。〔七八〕壬辰，丞相登西湖北獅子峰，俯觀臨安形勢。至暮，館於湖州市秀王府。〔七九〕是日，遣諸將以各部兵衆分守城面。而又遣萬户亦只里歹、〔八〇〕李勞山及總管王俊等軍入城，護宋氏宮城。癸巳，太皇后令貴官王某卑辭勞問。〔八一〕丞相亦撫慰之，遣還。甲午，將宋氏馬步軍殿司及諸司兵衆分置于我師，別行調遣。其餘生券等軍，有願歸者，聽遣。張都鎮撫等詣阿朮，計稟淮上公事及宋詔諭淮安、懷遠、壽州、安豐等郡。

二月丁酉，〔八二〕遣鎮邊劉弁、〔八三〕程宣撫子同昔里伯持宋氏詔諭兩淮并本省公文，去廬州招諭夏貴及未歸附州郡。〔八四〕其鎮邊劉係夏貴親舅，程宣撫子乃夏貴壻也，以故遣之。又令兵部郎中崔文卿、〔八五〕王世英等分鎮馬步司軍數千，賫宋詔趨衢州等處招諭令降。己亥，令張惠、呂文煥約阿剌罕、〔八六〕董文炳等入宮再諭謝氏，〔八七〕宣布主上寬仁大度。辛丑，委張惠、阿剌罕、〔八八〕董文炳、石天麟、楊晦、張弘範、亦只里、忽剌出、唆都入臨安，取會軍民錢糧之數，及拘收宋朝百官誥命、敕劄、符印，〔八九〕悉罷宋氏官府，又散罷侍衛禁軍。〔九〇〕壬寅，遣西蜀歸附官李胡赤，〔九一〕持宋詔往招未下州郡。〔九二〕又遣使者尚壁顯等之潭州行省，賫宋詔諭湖南、湖北、兩廣、福建州郡，令一體歸附。又令萬户昔里伯、史樞兵鎮守湖州，以歸附官趙與可授安撫，遣孫嗣、總管唐拾鎮守建德府；以新附官方回授安撫，遣總管高與鎮守婺州，孟安撫鎮守衢州。是日，丞相命諸將分兵鎮守臨安，令阿剌罕、奧魯赤、蒙古、漢軍鎮屯西湖錢唐門等處，闊里帖木兒、懷都、亦乞里歹鎮守錢唐、仁和，〔九三〕黄頭兵屯富陽，相威等軍屯鹽官，焦興、黄順軍屯德清，〔九四〕晏徹兒、劉源等鎮守湖州市，忙古歹、〔九五〕范文虎撫治臨安，以水弩砲諸將及別萬户諸軍分屯湖州市北，如犬牙相御。遣管如德過錢唐岸上，〔九六〕張示省榜，禁約諸人，不令侵損宋氏山陵。〔九七〕丁未，遣亦乞里歹、〔九八〕帖木兒起宋臣賈餘慶等四人赴北。庚戌，遣李知事招諭台州，石國英招諭婺州及兩淮等處。〔九九〕辛亥，遣囊加歹、吴閣贊賫謝后詔，〔一〇〇〕再諭揚州李庭芝。癸丑，孟祺、謝堂、楊鎮赴省議追詔宋益、廣二王事。甲寅，福王遣人致書於丞相，其辭懇切。丞相回言：「太后、幼主及百官隨即歸附，今日俱爲一家，福王不須疑惑，宜當速來，同預大事，甚妙。」遂遣使還。己未，〔一〇一〕石國英遣人送婺州降表。是日，發洪都統、〔一〇二〕彭都統、張都統、吕尚書赴闕朝見。庚申，囊加歹回，奉密旨召丞相還朝及遣宋君臣事。辛酉，〔一〇三〕遣不伯、周青等赴泉州，〔一〇四〕招諭蒲知府。壬戌，遣史勝賫書赴越州請福王云云。〔一〇五〕宋太后令楊提舉、俞提舉同中貴官盧源等賫手詔及省文，往福建諭廣、益二王及從臣僚屬，復還臨安。浙東州郡牧守相繼歸附，降者日衆。〔一〇六〕

三月丁卯，丞相入城，館於萬松嶺盧源宅。〔一〇七〕己巳，大宴于宋三省中。庚午，囊加歹自瓜州還省，賫張都統鎮撫書呈爲廬州舉城歸附事。〔一〇八〕甲戌，徽州招討李銓來降，福王自浙東來見丞相，丞相安慰之。是日，會諸將于萬松嶺園中。阿朮遣使來報廬州已降及鎮江文天祥出奔。是日雨作，丞相出屯湖州市，〔一〇九〕宿于秀王府。阿剌罕、〔一一〇〕董文炳同預行省事，孟祺從行赴闕，石天麟仍領左右司事，楊晦、夾谷之奇同預焉。〔一一一〕丞相暨阿荅海密議遷宋后、幼主及其僚屬北行事。丙子，丞相先行至瓜州待之。阿荅海、張惠、阿剌罕、董文炳等於丁丑詰旦，武備嚴肅入宮，〔一一二〕召宋太后、幼主聽皇帝詔，曰：「免牽羊繫頸之禮。」宋太后謂幼主曰：「荷天子聖慈不殺，〔一一三〕活此微命，〔一一四〕汝當望闕拜謝。」於是遷宋太后、幼主及宮人出宮，遂封府庫。謝太后以疾言，〔一一五〕屢遣萬户趙興祖詣丞相請命。丞相曰：「既不能起，留之無礙。」是日，宋太后、幼主同宮人出城，止宿北新橋船中。是日，悉收宋之所貯寶玉，督宋大臣以下僚屬俱從其行。丞相班師之日及遷宋君臣，百姓晏然不知。

閏三月十二日，夏貴至燕京，獻淮西諸郡。二十一日，伯顔丞相回燕京，有大旗書「天下太平」四字。二十四日，宋太后、幼主至燕京，宿會同館。

四月十五日，赴上都。二十八日，至上都明德門官舍安歇。〔一一六〕

五月初一日，全太后、嗣君早出西門五里外草地上。〔一一七〕太后、福王、隆國夫人、中使作一班，左北邊設一紫錦罘罳，〔一一八〕即家廟也，廟前兩拜。太后及内人各胡跪，〔一一九〕福王、宰執如南地，兩拜而進。初二日，太后、幼主、隆國夫人，天曉盡出南門外十餘里，宰執同屬官亦到。鋪設金帛寶玉一百餘桌，在草地上、行宮殿下，作初見進貢禮儀。行宮殿宇宏麗，〔一二〇〕金碧焜燿，皇帝、皇后升殿，諸妃、諸王俱升殿，捲簾列坐。〔一二一〕宋全太后、幼主、福王、宰執以次展禮，〔一二二〕腰金，〔一二三〕服紫、緋、緑各依次序立，班行甚整。〔一二四〕再拜班退。升殿再兩拜，就留御宴。諭授幼主開府儀同三司、檢校大司徒，封瀛國公。以平宋告天地祖宗於近郊，遣祀嶽瀆，設宴大會，〔二五〕大赦天下。是歲，淮東西、湖南北、川、廣得府三十七，州百二十八，關五，監二，〔二六〕縣七百三十三。

校勘記

〔一〕侍奉御愛仙　元史卷一二七伯顏傳作「奉御愛先」，故疑原文衍「侍」字。

〔二〕咨陞□□　原文天頭校語：「『咨陞』下二字，金壺不空格，非。」「□□」，清抄本B、清抄本C同，守山閣叢書、芋園叢書本均缺。

〔三〕會　守山閣叢書、芋園叢書本作「會同」。

〔四〕適用　原作「通用」，此據清抄本B、清抄本C。

〔五〕悉皆嘉納　原作「意悉皆嘉納」，此據清抄本B、清抄本C。

〔六〕丁未　清抄本B、清抄本C作「八月丁未」。

〔七〕直入益都，經沂、潭、漣海等處　「益都」，諸本均作「都」，不通，元史卷一二七伯顏傳記返程路綫有「取道益都，行視沂州等軍壘」，故據補；「沂」，原誤作「圻」，據元史卷一二七伯顏傳改。

〔八〕並巡視邊陲要害　「並」，原誤作「處」，此據守山閣叢書、芋園叢書本；「陲」，原誤作「陳」，此據清抄本C改。

〔九〕孛魯歡　原誤作「字魯歡」，此據清抄本B、清抄本C。

〔一〇〕左副都元帥　元史卷一二七伯顏傳作「副都元帥」。

〔一一〕附江而進　元史卷一二七伯顏傳作「泝淮而進」。

〔一二〕別里迷失　原誤作「阿里迷失」，此據清抄本B、清抄本C。下同。

〔一三〕于　清抄本C作「訂」。

〔一四〕堡　原誤作「僅」，此據清抄本B、清抄本C改。

〔一五〕俄爾　守山閣叢書、芋園叢書本作「俄而」。

〔一六〕橋斷不得進　清抄本B、清抄本C作「橋斷遂不得進」。

〔一七〕平其南堡　原作「綏平其南堡」，此據清抄本B、清抄本C。

〔一八〕泝流至清口、桃源　原作「□□于青口桃源」，天頭校語：「『□□于青口桃源』，金壺本作『泝流至清江桃源』，似係以意改定。」「泝」「至」「清」，清抄本B分別作「徒」「于」「青」，清抄本C同，此均據守山閣叢書本；「清口」，守山閣叢書本作「清江」。

〔一九〕薛徹干　原誤作「薛徹于」，守山閣叢書、芋園叢書本作「色徹肯」，即從「薛徹干」改譯而來，故據改。

〔二〇〕范光湖　原作「氾光湖」，此據清抄本B、清抄本C、守山閣叢書、芋園叢書本。

〔二一〕民　原誤作「兵」，此據清抄本B、清抄本C。

〔二二〕辛丑　諸本均同，然十月無辛丑，據前後文紀日，此處應爲「辛酉」（二十四日）之誤。按伯顏留軍戍守灣頭，元史卷一二七伯顏傳繫於「庚戌」（十月十三日）。

〔二三〕左丞　元史本卷一二九阿塔海傳作「右丞」，疑是。

〔二四〕奧魯赤　原作「奧魯志」，此據清抄本B、清抄本C。

〔二五〕廣德　原誤作「慶德」，此據元史卷八世祖紀五至元十二年十一月乙亥條「阿剌罕率步騎自建康、四安、廣德以出獨松嶺」改。

〔二六〕張弘範　原作「張宏範」，此據清抄本B、清抄本C。下同。

〔二七〕張抵　清抄本B、清抄本C同，守山閣叢書本作「張祇」，芋園叢書本作「張衹」。

〔二八〕詔　原誤作「詣」，此據清抄本B、清抄本C改。

〔二九〕曹　原作「遭」，此據守山閣叢書、芋園叢書本。

〔三〇〕庶士　守山閣叢書、芋園叢書本作「士庶」。

〔三一〕據　原誤作「拒」，此據守山閣叢書、芋園叢書本改。

〔三二〕具　原誤作「是」，此據守山閣叢書、芋園叢書本改。

〔三三〕唆都　原誤作「咬都」，此據清抄本C改。

〔三四〕帳　原作「□」，此據清抄本B、清抄本C。

〔三五〕蔡汝達　原誤作「發汝達」，此據守山閣叢書、芋園叢書本改。

〔三六〕之　守山閣叢書、芋園叢書本作「反」。

〔三七〕太皇暨嗣主　「太皇」，守山閣叢書、芋園叢書本作「太后」；「主」，原誤作「王」，此據清抄本B、清抄本C。

〔三八〕哀恕　原誤作「哀怒」，此據清抄本B。

〔三九〕陵廟　守山閣叢書、芋園叢書本作「陵寢」。

〔四〇〕一十六年　原誤作「一十六十」，此據清抄本B、清抄本C。

〔四一〕彼果　原作「其彼」，此據守山閣叢書、芋園叢書本。

〔四二〕盍學錢王納土、李王出降乎　「盍」，原作「欲」，此據守山閣叢書、芋園叢書本；「李王」，元史卷一二七伯顏傳作「李主」。

〔四三〕爾　芋園叢書本作「汝」。

〔四四〕抄兒赤　原誤作「抄忠赤」，此據元史卷一二七伯顏傳改。

〔四五〕柳岳　原誤作「都岳」，此據清抄本C、守山閣叢書、芋園叢書本改。

〔四六〕太皇　守山閣叢書、芋園叢書本作「太皇后」。

〔四七〕宋臣　原作「宋人」，此據清抄本B、清抄本C。

〔四八〕長安鎮　原誤作「長鎮」，此據守山閣叢書、芋園叢書本補。

〔四九〕我軍奥魯　原作「我軍輩奥魯」，此據清抄本B、清抄本C。

〔五〇〕各　原誤作「谷」，此據守山閣叢書、芋園叢書本改。

〔五一〕嚴整　守山閣叢書、芋園叢書本作「精整」。

〔五二〕生口　原誤作「生日」，此據清抄本B、清抄本C改。

〔五三〕昔里伯　原誤作「者里伯」，此據元史卷一二七伯顏傳改。

〔五四〕王等　諸本均同，然不通。按元史卷一二七伯顏傳記此事曰：「留游顯、懷都、忽都不花，屯兵鎮守。」頗疑「王」字或爲下句中「玉」字竄訛。

〔五五〕令甯玉等長橋鎮守太湖等處　「甯玉」，諸本均誤作「密王」，此據元史卷一二七伯顏傳所記「別遣甯玉守長橋」改；「令甯玉等長橋鎮守太湖等處」不通，疑應作「令甯玉等鎮守長橋、太湖等處」。

〔五六〕劉廷瑞　元史卷九世祖紀六、卷一二七伯顔傳作「劉庭瑞」。

〔五七〕赴　原誤作「起」，此據守山閣叢書、芋園叢書本。

〔五八〕劉安撫以安撫　守山閣叢書、芋園叢書本作「授劉安撫以安撫」。

〔五九〕至　原缺，此據守山閣叢書、芋園叢書本補。

〔六〇〕過長安，鎮臨平　按長安即今嘉興海寧市長安鎮，臨平即今杭州餘杭區。二地在南宋爲平級行政區劃，故中間需要點斷。元史卷九世祖紀六作：「軍次臨平鎮。」卷一二七伯顔傳作：「進軍臨平鎮。」可知平宋録此句完整表述應爲：「過長安鎮，『軍次』（或『進軍』）臨平。」但亦可將「鎮」字理解爲「鎮戍」，故點作：「過長安，鎮臨平。」

〔六一〕至皋亭山　「至」，原缺，此據守山閣叢書、芋園叢書本補。「皋亭山」，原作「高亭山」，此據守山閣叢書、芋園叢書本。

〔六二〕您　守山閣叢書、芋園叢書本作「你」。

〔六三〕俺自來　守山閣叢書、芋園叢書本作「曰：『俺自來』」。

〔六四〕你來呵，俺根前要富貴也者。你吃一盞酒，大事未了，你回去者！　守山閣叢書、芋園叢書本作「丞相曰：『你來呵，俺根前要富貴也者。你吃一盞酒，大事未了，你回去者！』」。

〔六五〕召　原誤作「吕」，此據清抄本B、清抄本C。

〔六六〕乙酉　諸本均誤作「乙丑」，此據元史卷九世祖紀六、卷一二七伯顔傳改。

〔六七〕十五里　諸本均誤作「五十里」，此據元史卷九世祖紀六、卷一二七伯顔傳改。

〔六八〕由　原缺，此據守山閣叢書、芋園叢書本補。

〔六九〕人　清抄本B、清抄本C作「使」。

〔七〇〕孫鼎亨、囊加歹　原作「孫囊加歹」，此據元史卷九世祖紀六「伯顏又遣宣撫程鵬飛，計議孫鼎亨、囊加帶、洪君祥入宮，安諭太皇謝氏」補。

〔七一〕同知樞密謝堂　元史卷九世祖紀六、卷一二七伯顏傳作「樞密謝堂」。

〔七二〕語　原缺，此據守山閣叢書、芋園叢書本補。

〔七三〕思言歸　守山閣叢書、芋園叢書本作「請歸國」。

〔七四〕目　原作「□」，此據守山閣叢書、芋園叢書本補。

〔七五〕忙古歹　原誤作「呂古及」，守山閣叢書、芋園叢書本作「蒙固岱」，即從「忙古歹」改譯而來，故據改。

〔七六〕臨安北湖州市　諸本均作「臨安湖州市」，據元史卷一二七伯顏傳「臨安城北之湖州市」補「北」字。

〔七七〕於是宋宗室大臣以下及官屬來見　元史卷九世祖紀六作：「於是宋宗室大臣以次來見。」卷一二七伯顏傳作：「宋宗室大臣皆來見。」

〔七八〕而　芋園叢書本作「以」。

〔七九〕湖州市　原誤作「湖州墅」，此據清抄本B、清抄本C、守山閣叢書、芋園叢書本。

〔八〇〕亦只里歹　原誤作「赤只里歹」。按此人即前文所見之「乙乞里歹」、下文所見之「亦乞里歹」、「亦只里」，其名係元代蒙古部名亦乞列思(Ikires)後加表示男性的詞綴-dei而來，故據以將「赤」改作「亦」。

〔八一〕太皇后令貴官王某卑辭勞問　「太皇后」，守山閣叢書、芋園叢書本作「太皇太后」；「貴官」「卑辭」，原文分別作「貴臣」「早辭」，此據清抄本B、清抄本C。

〔八二〕二月　原誤作「三月」，此據清抄本B、清抄本C、守山閣叢書、芋園叢書本改。

〔八三〕遣鎮邊劉弁　「遣」，原作「□」，此據守山閣叢書、芋園叢書本；「劉弁」，原誤作「劉并」，此據清抄本C；按元史卷九世祖紀六、卷一二七伯顔傳作「劉頡」。

〔八四〕招諭　守山閣叢書、芋園叢書本作「招慰」。

〔八五〕崔文卿　原誤作「省文卿」，此據守山閣叢書、芋園叢書本改。

〔八六〕阿剌罕　原誤作「阿朝罕」，此據清抄本B、清抄本C改。

〔八七〕再諭　守山閣叢書、芋園叢書本作「見」。

〔八八〕阿剌罕　原缺「剌」字，守山閣叢書、芋園叢書本作「阿喇哈」，即從「阿剌罕」改譯而來，故據補。

〔八九〕敕劄　原誤作「剌劄」，此據清抄本B、清抄本C改。

〔九〇〕又　原誤作「人」，此據守山閣叢書、芋園叢書本改。

〔九一〕李胡赤　清抄本C、守山閣叢書與芋園叢書本作「李胡亦」。

〔九二〕未下　原作「來降」，此據清抄本B、清抄本C。

〔九三〕亦乞里歹　清抄本B作「乙乞里歹」。

〔九四〕屯　清抄本B作「屯於」。

〔九五〕忙古歹　清抄本B作「忙兀歹」。

〔九六〕岸　原誤作「越」，此據守山閣叢書、芋園叢書本改。

〔九七〕宋氏　原誤作「宋民」，此據清抄本B、清抄本C改。

〔九八〕亦乞里歹　清抄本B作「乙乞里歹」。

〔九九〕等處　原作「張等」，不通，此據守山閣叢書、芋園叢書本改。

〔一〇〇〕吴閣贊賫謝后詔　原文、清抄本B、清抄本C作「吴閣贊謝后詔」，守山閣叢書、芋園叢書本作「吴閣齎謝后詔」。按「吴閣贊」，即丙子北狩之「吴忠翊」，參看劉一清撰、王瑞來校箋考原錢塘遺事校箋考原，中華書局，二〇一六年，第三二一、三二二頁。「吴閣贊謝后詔」、「吴閣齎謝后詔」，均不通，應作「吴閣贊賫謝后詔」，故補。

〔一〇一〕己未　原誤作「乙未」，此據清抄本C、守山閣叢書、芋園叢書本。

〔一〇二〕洪都統　原作「洪都督」，此據清抄本B、清抄本C、守山閣叢書、芋園叢書本。

〔一〇三〕辛酉　諸本均作「辛丑」，然是年二月無辛酉日，此據元史卷九世祖紀六改。

〔一〇四〕不伯　守山閣叢書、芋園叢書本作「使者」。

〔一〇五〕史勝　原誤作「文勝」，此據清抄本B、清抄本C、守山閣叢書、芋園叢書本。

〔一〇六〕降者日衆　原作「降赴日來」，此據守山閣叢書、芋園叢書本。

〔一〇七〕館　原誤作「餘」，此據清抄本B、清抄本C。

〔一〇八〕張都統　原作「張都」，此據守山閣叢書、芋園叢書本補。

〔一〇九〕屯　原誤作「城」，此據守山閣叢書、芋園叢書本改。

〔一一〇〕阿剌罕　原誤作「阿剌歹」，此據清抄本B。

〔一一一〕夾谷之奇　諸本均誤作「來谷之奇」。按夾谷之奇在元史卷一七四有傳，云：「大兵南伐宋，授行省左右司都事。」與平宋録此處所記相合，故據改。

〔一一二〕嚴肅　原誤作「嚴前」，此據清抄本B、清抄本C。

〔一一三〕聖慈　守山閣叢書、芋園叢書本作「仁慈」。

〔一一四〕微命　清抄本C作「性命」。

〔一一五〕謝太后　原文、清抄本B、清抄本C作「太后」，此據守山閣叢書、芋園叢書本補。

〔一一六〕明德門　丙子北狩作「昭德門」。史衛民據灤京雜詠指出上都明德門即午門，並肯定錢塘遺事的記載，推測昭德門爲另一門，參看元上都研究，内蒙古大學出版社，一九九八年，第三五頁。

〔一一七〕草地上　原作「草地」，此據守山閣叢書、芋園叢書本補。

〔一一八〕紫錦罘罳　原作「紫綿罜罳」，此據守山閣叢書、芋園叢書本。

〔一一九〕胡跪　守山閣叢書、芋園叢書本作「長跪」。

〔一二〇〕宏　原作「□」，此據守山閣叢書、芋園叢書本。

〔一二一〕坐　芋園叢書本作「位」。

〔一二二〕禮　原作「衺」，此據守山閣叢書、芋園叢書本。

〔一二三〕腰金　守山閣叢書、芋園叢書本作「服金」。

〔一二四〕按此句錢塘遺事卷九丙子北狩作：「太后、嗣君、福王，宰執以次展敬，腰金服紫，屬官緋緑，各依次序立，作朝甚肅。」

〔一二五〕設宴大會　「宴」，原誤作「資」，此據守山閣叢書、芋園叢書本改；「大」，原誤作「天」，此據清抄本B、清抄本C改。

〔一二六〕關五、監一一　元史卷一二七伯顏傳作「關監一一」。

卷下

宋太后書傳於淮東制置李知院：〔一〕「吾老矣，值此時艱，比奉大元皇帝詔書，俾相率來附，以全宗社，以保族屬，以救萬姓。然事已至此，無可奈何，舉國内屬。今大兵在城，三宫不驚，九廟如故，百姓安堵。其餘州縣，已戒嗣君下詔開諭，俾各以其地歸於大元。卿自守孤城，勤勞甚至，但根本已拔，縱欲固守，民其何辜？毋重困一方之人。」宋主詔敕揚州帥臣李庭芝：「自朕嗣基緒，遭家多難，權臣似道誤國背盟，至勤大元興師問罪，已入京城。有詔許存宗社，不害生靈，准奉太后戒命，舉國内屬，根本已拔，其餘州縣，縱欲固守，民何辜焉？詔書到日，可順天時，亟宜歸附。生民免罹荼毒，宗廟不至泯絶，故兹詔示，想宜知悉。」

大丞相賀表

臣伯顏等言：國家之業大一統，海嶽必明主之歸；〔二〕帝王之兵出萬全，島夷敢天威之抗。〔三〕始干戈之爰及，迄文軌之會同。區宇一清，普天均慶。臣伯顏等，誠懽誠忭，頓首頓首！欽惟皇帝陛下，道光五業，統接千齡。梯航日出之邦，冠帶月支之國，際丹崖而述職，奄瀚海以爲家。獨此宋邦，弗遵聲教，謂江湖可以保逆命，舟楫可以敵王師，連兵負固，踰四十年，背德食言，難一二計。當聖主飛渡江南之日，遣行人乞爲城下之盟。逮凱奏之言還，輒奸謀之復肆。拘囚我信使，忘乾坤再造之恩；結納我叛臣，盜連、海二城之地。我是以有六載襄陽之討。彼居然無一介行李之來。禍既出于自求，怒致聞于斯赫。〔四〕臣肅將禁旅，恭行天誅。爰從襄漢之上流，移出武昌之故渡。藩屏一空於江表，烽煙直接於錢唐。尚無度德量力之心，乃有殺使毀書之事。屬廟謨之親禀，謂根本之宜先。乃命阿剌罕取道於獨松，〔五〕董文炳進師于海渚，臣與阿朮、阿荅海等忝司中閫，直指宋都。〔六〕犄角之勢既成，水陸之師並進。常州一破，列郡傳檄而悉平；臨安爲期，諸將連營而畢會。彼極窮蹙，迭出哀鳴。始則爲稱姪納幣之祈，次則有稱藩奉璽之請。顧甘言何益于實事？率鋭旅直抵其近郊。召來用事之大臣，放散思歸之衛士。崛强心在，四郊之横草都無；飛走計窮，一月之降幡始豎。其宋主率諸大臣，已於二月初六日望闕拜伏歸附訖。所有倉廩府庫，封籍待命外，臣奉揚寬大，撫戢吏民，九衢之市肆不移，一代之繁華如故。兹惟睿算，卓冠前王，視萬里爲目前，運天下於掌上。致令臣等獲對明時，歌七德以告成，深切龍庭之想；上萬年而爲壽，更陳虎拜之詞。臣無任瞻天望聖，激切屏營之至。臣等誠懽誠忭，頓首頓首，謹言。

賀表

伏以聖人之兵仁而威，〔七〕無遠不服；天下之勢離必合，有險即平。方期四海之會同，豈許一江之限隔。捷書屢至，慶頌交馳。欽惟皇帝陛下，至德體元，中華開統，美化既東西之被，〔八〕兼愛豈南北之分。〔九〕弗圖島夷，〔一〇〕輒拘使節，誘納我叛將，盜據我歷城，雖就鯨鯢之誅，尚遺蜂蠆之毒。蠢爾三苗弗率，命彼羣后徂征，〔一一〕一鼓而定荊襄，再駕而降鄂岳。蘄黃面縛，江池心歸。〔一二〕鐵甕之堅城自摧，〔一三〕金陵之王氣何在。楚地六千里，不勞秦將之增兵；錢唐十萬家，已見吴王之納土。僞將悉朝於國下，幼君遐竄于海中，〔一四〕方知恃險之差，應悔求和之晚。臣等叨居牧寄，〔一五〕喜聽凱音。矧曾充載筆之臣，尤當述集勛之事。駿奔效命，正海内一家之時；虎拜揚休，上天子萬年之壽。

賜宋主詔〔一六〕

上天眷命，皇帝聖旨，諭宋國主恭宗㬎：〔一七〕「昔我太祖聖武皇帝，睿謀雄斷，奄奠諸國。惟彼東南，厥脩臣職。〔一八〕昔爾宋與金鄰，逮至平金，接我疆埸。彼國常遣使于我家，尋即殄絶，俾失結好，實爾自造。乃者師已濟江，仍且按兵，〔一九〕復遣使以理往諭，時爾順令歸款，事豈不休？·〔二〇〕及兵壓臨安，方出請降。諭以國典，〔二一〕固無寬宥。然爾國政，悉出權臣，若爾母子，初無所與。朕既知之，復以罪譴，加爾母子之躬，〔二二〕固所不忍。況爾舉朝來覲，嘉乃是心，而優渥之令可不伸乎？庸錫寵章，備茲異數，可開府儀同三司、檢校大司徒、〔二三〕瀛國公。宜令准此。至元十三年六月　日。」

追贈鄭江

切惟古之所以敢智勇而立異功者，〔二四〕蓋上之人有激勸之術使然也。不爾，將偷卒惰，望其有奇功於天下，不能也。比聞故河南路統軍鄭江，今年四月内，襄陽城下，以戰而死，迄今半載，朝廷無追獎之命。〔二五〕今參詳國家方混一區宇，苟死於王事者不加追獎，〔二六〕則偷安苟容之徒以爲得計。照得近例以他功追封者往往有之，彼被堅執鋭，不顧死難，爲國家報効者，〔二七〕若不量加追贈，恐於激勸克敵制勝之術，有所未盡。

撫勞戰士

切惟古之用人，能盡死力者，不過閔其勞苦、〔二八〕悦以使令而激勵。〔二九〕蓋兵以氣爲主，〔三〇〕所貴感發振作，不致有墮歸之意。切見襄陽之役，以數十萬衆頓於堅城下，經有四年，暑天炎瘴，攻守暴露，不戰而疫死者，無歲無之。即目已是炎瘴，〔三一〕江水向發，設或去歲之夏，〔三二〕宋人復以舟師來援，〔三三〕内以死戰，〔三四〕必出相應，其利所關非輕，〔三五〕當此正帥臣籌畫之日，將士竭盡之時也。〔三六〕今雖省官節制於上，朝廷亦宜制爲撫勞，感發人心，振作士氣。愚見合無聞奏恩旨，詣彼軍前，宣諭撫慰，使功過兩明，賞罰必信。然後序其情而閔其勞，使三軍之士僉曰：「我之死生有所歸矣，我之勤苦爲上知矣。」衆既喜其如此，雖置之重地，淹于歲月，人將奮發忠義，心力一殫，勇氣自倍，而親上死長，以爲當然。所謂悦以使民，民忘其死者也。

丞相伯顏公勛德碑

乾爲天，統元氣；坤爲地，統元形。輔以四時，佐以六子，天地所以不言而化、〔三七〕無爲而成也。欽惟憲天述道仁文義武大光孝皇帝，轉乾元以建國，法坤元而紀年，聰明叡智，神武不殺，握符闡珍，混一區宇。日月所照，露霜所墜，〔三八〕凡有血氣，莫不臣屬。首出庶物而萬國寧，含弘光大而品物亨。〔三九〕天覆之高，地載之厚，不可名言，不可繪畫，所可得而見者，四時之運行，六子之變化。緊輔弼之臣，有若丞相伯顏公之定江南，其勛德尚可考已。至元十有一禩甲戌冬十二月，丞相總師渡江。又明年丙子春，師次杭之近郊，□□行中書省以中闔入杭。〔四〇〕連城列壘，望風款附。農不釋耒，〔四一〕兵不血刃；市不易肆，秋毫弗驚。天命有歸，〔四二〕人心欣戴。不謀而同，不戒以孚，黄童白叟，〔四三〕手額讚款，祝聖世君臣同德，時萬時億，〔四四〕永福區夏，無前偉績，對天宏休，于是乎在。蟣蝨臣等，嘗拜手頓首，莊誦詔旨，深厚懇切，〔四五〕曲意招懷，〔四六〕惟恐生靈枉受其害，傷聖天子不殺之仁也。〔四七〕丞相對揚休命，壹是以不殺爲事，豈惟不殺，抑又不貪。東南苟安，率常中稔，綿歷積久，休養繁庶；權臣擅事，貴戚殖私，多貲厚藏，〔四八〕富于公室；子女如林，玉帛如山，倡冶珍怪，未嘗過目。〔四九〕士庶緇黄，香荈圖書，微有獻饋，一無所取。宮廷内儲，府庫外峙，謹護封鐍，悉歸有司。郊關之外，禁止俘掠，分屯列戍，田里相安。既又發公廩以濟民食，〔五〇〕蠲房租以奠民居；〔五一〕捐山林川澤之利以便民用，減上供物帛之賦以寬民力。〔五二〕易曰：「王命三驅，失前禽也。」言順而向我者，縱而弗禽也。書曰：「民心無常，惟惠之懷。」言能生斯民者，民所歸也。丞相杖鉞專征，於國有大功，爲勛；於民有大惠，爲德。勛德之盛，卓冠前古，杭民千萬，〔五三〕均受渥賜，莫知所報。士民率請伐石爲勛德碑，昭示無極。銘曰：

皇元受命，光宅九區。旋乾轉坤，駕唐軼虞。至元建號，混合輿圖。一統之盛，亘古所無。賜鉞推轂，密勿都俞。干戈所指，仁義與俱。豈其德已，〔五四〕煩我師徒。宇宙礫裂，欲同其殊。匪兵不服，匪民敢屠。〔五五〕不亟不徐，南邦是徂。審勢效順，爾簞爾壺。爾貨弗掠，爾孥弗俘。江之廣矣，亦既□桴。〔五六〕天之所與，將焉逋止。〔五七〕相臣曰嘻，我息爾乎。〔五八〕不殺不貪，申令前驅。百城安堵，於楚於吴。杭民千萬，易懼爲娱。大勛盛德，可鎸可摹。千萬斯年，〔五九〕以侈廟謨。

至元十三年二月　日，四明史周卿撰，宣授宣武將軍管軍總管汪宋英、省選耆老陳祖寔、耆老顧惪榮、耆老班首喻震宗等立石。

右碑至元十三年丙子春二月，〔六〇〕建於杭之行中書省，〔六一〕以紀殊績。歲月浸久，適毁于火。士民追念，合詞祈請，擬復舊觀。省府重嘉其請而矜從之，廼稍潤色其辭，重立斯碑。山可磨，谷可湮，此德此勛天地存。至元三十一年春三月望日，少中大夫、杭州路總管兼管内勸農事寇元德謹跋並書丹篆額。

燕山平慶安起蓋祠堂，開板印造平宋録。〔六二〕

大德八年甲戌月平慶安。〔六三〕

校勘記

〔一〕李知院　守山閣叢書、芋園叢書本作「李知院曰」。

〔二〕海嶽必明主之歸　原作「海嶽□明主之歸」，天頭校語：「金壺本作『海嶽明王會之歸』，非是。」清抄本B、清抄本C作「海嶽明王之歸」，守山閣叢書、芋園叢書本作「海嶽明王會之歸」，均不通，此據元史卷一二七伯顏傳、元文類卷一六孟祺賀平宋表補。

〔三〕島夷　守山閣叢書、芋園叢書本作「小國」。

〔四〕致　芋園叢書本作「至」。

〔五〕阿剌罕　清抄本B、清抄本C作「阿剌罕」。

〔六〕指　清抄本B作「抵」。

〔七〕伏以　原缺，此據清抄本B補。

〔八〕東西　原誤作「東南」，此據守山閣叢書、芋園叢書本改。

〔九〕豈　原作「□」，守山閣叢書、芋園叢書本作「無」。按此文即元文類卷一六徐世隆東昌路賀平宋表，故據補「豈」字。

〔一〇〕島夷　守山閣叢書、芋園叢書本作「小邦」。

〔一一〕命彼羣后徂征　清抄本B作「命令羣后之徂征」，清抄本C作「命子羣后之組征」，守山閣叢書、芋園叢書本作「命予羣后徂征」，徐世隆東昌路賀平宋表作「命予羣后之徂征」。

〔一二〕池　原作「沱」，守山閣叢書本作「地」，清抄本C作「池」。徐世隆東昌路賀平宋表作「池」，故據改。

〔一三〕堅　原作「□」，此據清抄本B補。

〔一四〕遐　原作「退」，清抄本B、清抄本C作「遐」。徐世隆東昌路賀平宋表作「遐」，故據改。

〔一五〕臣等　清抄本C作「臣□」，守山閣叢書、芋園叢書本作「臣」，徐世隆東昌路賀平宋表作「臣某等」。

〔一六〕宋主　守山閣叢書、芋園叢書本作「宋王」。

〔一七〕諭宋國主恭宗㬎　「諭」，原缺，此據守山閣叢書、芋園叢書本補；「國主」，清抄本B、清抄本C作「國王」；「恭宗㬎」，原缺，此據清抄本B補。

〔一八〕厥　原缺，此據清抄本B補。

〔一九〕且　芋園叢書本作「但」。

〔二〇〕事豈不休　原文天頭校語：「『休』，金壺本作『殊』，非是。」清抄本B、清抄本C、守山閣叢書本作「事豈不殊」，芋園叢書本作「事豈不及殊」。

〔二一〕諭　守山閣叢書、芋園叢書本作「論」。

〔二二〕爾　原誤作「於」，此據守山閣叢書、芋園叢書本改。

〔二三〕檢校大司徒　原作「檢校司徒」，此據清抄本B。

〔二四〕切惟古之所以敢智勇而立異功者　「惟」，原文、清抄本B、清抄本C作「爲」，此據守山閣叢書、芋園叢書本；「敢智勇」，原作「敢□勇」，天頭校語：「『敢□勇』，金壺本誤改『稱大勇』。」清抄本C作「敢□勇」，守山閣叢書、芋園叢書本作「稱大勇」，此據清抄本B。

〔二五〕追　原缺，此據守山閣叢書、芋園叢書本補。

〔二六〕追獎　原誤作「遣獎」，此據守山閣叢書、芋園叢書本改。
〔二七〕報効　原作「効報」，此據守山閣叢書、芋園叢書本。
〔二八〕其　原作「而」，此據守山閣叢書、芋園叢書本。
〔二九〕悦以使令而激勵　「令」，原作「人」，此據清抄本B、清抄本C；「激勵」，原作「已」，清抄本C作「以」，此據清抄本B。
〔三〇〕蓋　清抄本C作「兼」。
〔三一〕目　原作「日」，此據守山閣叢書、芋園叢書本。
〔三二〕或　守山閣叢書、芋園叢書本作「如」。
〔三三〕宋人復以舟師來援　「援」，清抄本B、清抄本C作「擾」。
〔三四〕戰　原作「□」，天頭校語：「『死』下一字，金壺本作『寇』，『竭』下一字，金壺本作『盡』，均非是。」守山閣叢書、芋園叢書本作「寇」，此據清抄本B、清抄本C。
〔三五〕利　守山閣叢書、芋園叢書本作「利害」。
〔三六〕盡　原作「□」，天頭校語見前揭注，此據清抄本B、清抄本C。
〔三七〕以　原缺，此據守山閣叢書、芋園叢書本補。
〔三八〕露霜所墜　「露霜」，清抄本B、清抄本C作「霜露」；「墜」，原誤作「隊」，此據清抄本C改。
〔三九〕弘　原作「宏」，此據清抄本B、清抄本C改。
〔四〇〕□□行中書省以中闔入杭　原文天頭校語：「『行中書省』上空二格，金壺不空，以『中』字下金壺作『闔』字，亦不確。」按「行中書省」上空二格，清抄本B、清抄本C均同，守山閣叢書、芋園叢書本則與墨海金壺本同。「闔」，原作「□」，此據守山閣叢書本。

〔四一〕末　原誤作「來」，此據守山閣叢書、芋園叢書本。

〔四二〕有　守山閣叢書、芋園叢書本作「攸」。

〔四三〕童　原誤作「董」，此據清抄本B、清抄本C。

〔四四〕時萬時億　原缺，此據守山閣叢書、芋園叢書本。

〔四五〕切　清抄本B、清抄本C作「惻」。

〔四六〕曲意　原文天頭校語：「『意』字據金壺補，然恐是『示』字。」清抄本B作「曲體」，清抄本C作「曲□」。

〔四七〕傷　原缺，此據守山閣叢書、芋園叢書本補。

〔四八〕貲　原誤作「皆」，此據清抄本C改。

〔四九〕過　守山閣叢書、芋園叢書本作「寓」。

〔五〇〕濟　清抄本B、清抄本C作「治」。

〔五一〕房　清抄本B、清抄本C作「方」。

〔五二〕物帛　原文天頭校語：「『帛』上一字，金壺作『物』，疑非。」清抄本B作「物玉」，此據清抄本C、守山閣叢書、芋園叢書本。

〔五三〕杭　原誤作「抗」，此據清抄本B、清抄本C、守山閣叢書、芋園叢書本。

〔五四〕德　原作「得」，此據清抄本B、清抄本C。

〔五五〕民　守山閣叢書、芋園叢書本作「氓」。

〔五六〕亦既□桴　原文天頭校語：「『亦既□桴』，金壺本作『桴止』，失覈，大誤。」清抄本B、清抄本C作「亦既桴上」，守山閣叢書、芋園叢書本作「亦既桴止」。

〔五七〕逋止　原作「亡逋」，此據清抄本B、清抄本C。

〔五八〕息　原作「志」，此據清抄本B、清抄本C。

〔五九〕千　原作「於」，此據清抄本B、清抄本C。

〔六〇〕二月　原缺，此據清抄本C補。

〔六一〕建於杭之行中書省　原缺，此據清抄本C補。

〔六二〕燕山平慶安起蓋祠堂，開板印造平宋録　按此句被清抄本B、清抄本C、守山閣叢書、芋園叢書本置於追贈鄭江一文後。

〔六三〕大德八年甲戌月平慶安　按此句被清抄本B、清抄本C置於追贈鄭江一文後。

附録

一　吴翌鳳識語

平宋録三卷，疑即平慶安所撰。黄氏千頃堂書目作劉敏中撰，未知何據。而焦氏經籍志直作伯顔撰，並云十卷，誤矣。丁酉正月，借張子充之本鈔得之。時雷雨乍過，雪霰交下，寒威不減，臘盡時也。二十七日，枚菴漫士吴翌鳳記於古歡堂之南榮。

二　李文田校記

此本當從元刻本出，以提寫、空缺均仍其舊故也。墨海金壺、守山閣兩刊本，於缺泐之字，或徑連接，或以意增補，多無義理，非見此本，不悟彼之深也。然則此乃明抄之善本矣。順德李文田校記。

北巡私記

（元）劉佶　撰
曹金成　整理

前言

北巡私記是元末江西臨川人劉佶所撰寫的一部日記體史書。作者劉佶身爲當事人，詳細記載了元順帝在明軍兵臨城下時的北奔，以及其後約十七個月在蒙古朝廷内外的諸多史事，如順帝北逃的路線、朝廷官員關於南下收復大都與北幸和林之議、地方諸將與北元中央的關係、北元朝廷與高麗的關係，等等。可以説，此書在很大程度上對於我們了解這一時期的北元政局，具有獨一無二的史料價值。

北巡私記最初在清末以抄本的形式（莫友芝手抄）爲人所知，後來被羅振玉刊刻，收入雲窗叢刻，這也是目前所見唯一的版本。二十世紀九十年代，薄音湖、王雄兩先生據以重新標點（正文前有簡短的「題解」），收入明代蒙古漢籍史料彙編第一輯（内蒙古大學出版社，一九九四年）。標點本的出現，使此書流傳漸廣，從而也極大地方便了學界的利用。後曹永年先生參考薄音湖、王雄標點本，撰有北巡私記所見之北元政局（内蒙古大學學報二〇〇一年第一期），對書中所涉北元政治局勢進行了全面考察。二〇〇四年，鳳凰出版社出版了李修生先生主編的全元文第五十八册，其中收録了由葉愛欣先生點校的北巡私記，並將

作者書作「張佶」。（一）

不過，薄、王二先生的標點本並未對書中的錯訛與缺漏予以校勘；葉先生的校語只有兩條，亦存在一定問題。因此，學者在利用此書時，還是有一些未安之處。需要提及的是，在二十世紀六十年代，著名蒙古史學者海尼士（Erich Haenisch）與奥博里赫（Peter Olbricht）曾合作出版過北巡私記的德文譯注本，與劉祁録大梁事的德文譯注一起，題爲 *Zum Untergang Zweier Reiche: Berichte von Augenzeugen aus den Jahren 1232–33 und 1368–70*（兩個帝國的覆亡：一二三二—三三年與一三六八—七〇年親歷者的報告），收入東方學論文（*Abhandlungen für die Kunde des Morgenlandes*）第三十八卷第四期（XXXVIII, 4；Wiesbaden, 1969）。這一德文譯注本北巡私記，在西方學界頗受重視，傅海波（Herbert Franke）、忽瑟維（A. F. P. Hulsewé）、司律思（Henry Serruys）分别在中亞雜志（*Central Asiatic Journal*, Vol. 15, No. 2, 1971）、通報（*T'oung Pao*, Vol. 57, Livr. 1/4, 1971）、美國東方學會雜志（*Journal of the American Oriental Sotiety*, Vol. 92, No. 4, 1972）發表書評予以介紹，然在國内罕有人知。還需提及的是，近來美國已故著名蒙古學家柯立夫（F. W. Cleaves）關於北巡私記英文譯注的殘稿已被發現。根據這一文稿可知，柯立夫已將北巡私記全部英譯，先手寫，後打印，並就打印稿作進一步修改，惜英譯正文今已不全；在柯氏開列的一百多條注釋條目中，部分是對英譯書面語正文的口語化解釋，更多的是記下了一些重要的專有術語，以備進一步詳細注釋，但絶大部分有目無注，顯然這一工作並未完成。不過，柯氏留下的幾條注釋還是彌足珍貴，是其關於北巡私記研究成果的集中體現。（二）

這次整理擬在充分參考上述成果的基礎上，對羅振玉刻本北巡私記進行重新點校，希望能够給出一部精審的整理本以供學界參考並予以賜正。

注釋

（一）按羅振玉雲窗叢刻據莫友芝手抄本將北巡私記作者的題爲劉佶，然在書中隨從觀音奴出使擴廓帖木兒的人員中記有監察御史張佶。海尼士與奥博里赫德文譯注本指出：根據客觀情理，張佶一定是這份報告的撰寫人劉佶。在北巡私記的正文中，只是提到了他名「佶」，但姓「劉」卻没有證據。作爲親歷者，作者在諸多場合總是稱自己爲「佶」，大概十五次（只有兩次使用了第一人稱的「予」）。書中常見的名「佶」，只有一次與姓「張」結合在一起，官職爲監察御史，獲授於一三六九年一月初九日。作者身份的證據，目前只有這些。無論作者是張佶抑或劉佶，均没有其他證據（參看 *Zum Untergang Zweier Reiche: Berichte von Augenzeugen aus den Jahren 1232 – 33 und 1368 – 70*, *Abhandlungen für die Kunde des Morgenlandes*, Band XXXVIII, 4, Wiesbaden, 1969）。有鑒於此，關於作者的姓名，本文暫從羅振玉説。

（二）參看曹金成柯立夫關於北巡私記的研究介紹，西部蒙古論壇二〇一九年第四期。

北巡私記

臨川劉佶撰

至正二十八年閏七月二十八日，惠宗皇帝御清寧殿，召見羣臣，諭以巡幸上都，皆屏息無一言。獨知樞密院事哈剌章公力言不可，〔一〕大意謂：賊已陷通州，若車駕一出，都城立不可保，金宣宗南奔之事，可爲殷鑒，請死守以待援兵。上曰：「也速已敗，擴廓帖木兒遠在太原，何援兵之可待也。」遂退朝。

佶待罪□□□□樞密屬官，知院出，佶遇於中書省，問曰：「大計如何？」知院惟痛哭而已。中書左丞相慶童，國之老成人也，歎息曰：「吾知死所，尚何言哉！」既而，知院密語佶曰：「今夜必有舉動，君去就如何？」佶曰：「朝廷大計，不敢問，願從公後，可乎？」知院頷之。

是夜漏三下，車駕出健德門，〔二〕率三宮后妃、皇太子、皇太子妃幸上都。百官扈從者左丞相失列門、平章政事臧家奴、右丞定住、參知政事哈海、翰林學士承旨李百家奴、知樞密院事哈剌章、知樞密院事王弘遠等百餘人。〔三〕從者此下有脱文，佶匹馬遇知院公於道中。

二十九日，車駕至居庸關。時經紅賊之亂，道路蕭條，關無一兵。車駕至，亦無供張。

帝太息曰：「朕不出京師，安知外事如此！」是日，詔也速率本部兵趨行在。

三十日，雨。車駕次雞鳴山，遼陽行省左丞相也先不花奏至，請入覲，詔止之。是夜，雞鳴山西北峰崩，聲如巨雷，御營中人馬皆驚。上御行殿，召見羣臣，以爲賊兵奄至，黎明搶攘始定。

八月初一日，雨，道路泥濘。是夕，駐蹕營口，知樞密院事哈剌章請速召擴廓帖木兒入援，從之。佶經日不食，謁知院公，留宿於氈帳中，炙羊肉食之。

初二日，雨不止，百官雨行，皆霑透。天寒甚，傔人有凍斃者。左阿速衛御營都指揮使此下有脱文。上以軍事煩，命翰林學士承旨觀音奴兼知樞密院事。觀音奴公三十日出京師，至是謝恩於馬前，上命左右掖之。遼東參政賽因帖木兒率五千騎入覲，軍容甚整，帝慰勞良久始已。

初五日，也速奏京師失守，淮王及丞相慶童死事。參知政事張守禮自京師奔行在。

初七日，左丞相失列門卒。以遼陽行省左丞相也先不花爲中書左丞相，〔四〕以納哈出爲遼陽行省左丞相。納公爲行省平章政事，知兵善戰，遼東賊皆爲所殄。皇后欲尋仇於高麗，語皇太子：「曷使納哈出問高麗之罪？」皇太子不可。

初九日，車駕至中都。以李仲時爲兵部尚書，徵兵於高麗。

十五日，車駕至上都。上都經紅賊焚掠，公私埽地，宫殿官署皆焚毁，民居間有存者。遼此下脱「陽行省左」四字。丞相也先公獻幣二萬匹、糧五千石至，始有自存之勢矣。佶與達魯花赤秃因不花公舊交也，秃因公殷勤周恤，無所不至，患難中得此良友，真可感幸。

十七日，加納哈出大尉、鼎住此下有脱文。〔五〕上自至上都，晝夜焦勞，召見省臣，或至夜分。佶問哈剌知院：「國事何如？」哈剌公曰：「無可爲也。」當時頗有議省行與樞臣齟齬者，〔六〕時事至此，猶有朋黨之見存，唏矣！

二十四日，上都行樞密副使乃蠻台入覲。初二二字誤，〔七〕此下有脱文。以上都焚毁，置行樞密院於察罕腦兒。乃蠻公以上都留守改行樞密副使，率萬衆追紅賊餘黨，次第略平。至是，自軍中入覲，上留其軍爲宿衛焉。

二十六日，賊將薛顯出古北口，古北口守將僉知樞密院事張益奔行在。

九月初六日，哈剌公過予，言從臣聞賊出居庸關，意頗惶惶，有勸上北幸和林者，上遲疑不決。既而聞賊兵不出，事乃已。

初十日，以鼎住爲中書平章政事。

十一日，上召見羣臣，詢恢復之計。

十四日，諸王朵列納至上都。

十九日，詔高麗王發兵至上都，聽候調遣。
十月二十五日，封擴廓帖木兒爲齊王，賜金印。
十一月初一日，封也速爲梁王，加太保。
二十一日，陝西行省平章政事脱因帖木兒入覲，上問陝西之事，始悟李思齊、張思道有貳志。〔八〕
二十四日，皇太子出屯紅羅山。
十二月初八日，始聞擴廓帖木兒敗於保安之信。
初十日，遣使徵擴廓帖木兒赴行在。時不知擴廓公存没，故遣使者訪其消息。
十三日，監察御史徐敬熙條陳十事：一、戒酒；一、勿令宫掖干預政事；一、選將；一、宰相非人，請擇賢者、能者；一、明賞罰；一、嚴軍律；一、汰軍中老弱；一、徵兵西北諸藩；一、徵餉於高麗；一、開言路。其言殊切直，上不之罪也。
是月，大雪，深五六尺。
二十九年正月初一日，頒新曆於高麗，〔九〕臺官携新曆赴行在，遂用之。從官入賀行殿，上以疾不出。賊兵久不出邊，從官漸爲室家之計。哈剌公嘗太息謂予曰：「亡國之臣，豈可與圖恢復，吾當與西北諸藩共圖此事耳！」佶問：「何不早爲此計？」哈剌公曰：「子獨不見阿魯輝王之事乎？」遂唏嘘而起。

初三日，以魏伯顔爲中書參知政事。

初六日，平章政事李百家奴上疏陳恢復大計，以兵力太弱，請徵西北諸藩兵入援。疏入，寢不報。哈剌公之言可謂先幾矣。

初九日，佶拜監察御史之命。是日，有狐數頭入行殿，直至御座下。御史大夫阿剌不沙見上，極言亡國之兆。上曰：「天意如此，朕將奈何？」

二十日，上都大風，晝晦。是日，中都地震。

二十一日，詔也速丞相屯全甯州。〔一〇〕拜擴廓帖木兒中書右丞相，欲以内事委之也。擴廓公遣使至行在，始知西北消息。高麗國遣使貢歲幣如舊例，且訴納哈出搆兵之事，上優詔答之。佶奏高麗心懷兩端，不可恃爲外援，疏入不報。

二十四日至二十七日，皆風霾，室中白晝然燭。

二月初一日，大風，晝晦。以阿剌罕爲樞密副使，撒里蠻爲中書平章政事，撒里公嗜酒，不欲問時事，疏辭不允。

初三日，賜宿衛軍士衣糧。

初八日，上不豫，輟朝。

十三日，上疾瘳。

十五日，也速丞相率精騎四萬，抵通州。賊固守，不下。詔也速公勿深入，恐賊乘虚内犯。未幾，遣左司郎中黄卓至軍中，賜也速公龍衣、御酒，將士賞賚有差。

二十二日，佶謁哈剌公，留宴邸中。哈剌公言：「執政競市高麗婢，若忘社稷之爲墟者，尤以撒里平章爲不稱職。」佶曰：「公何不與上言之？」哈剌不答，意其有内援也。

三月二日，獵於近郊。初此下有脱文。皇太子請率精騎直搗大都，上不許。

十八日，遣工部侍郎得勒海諭高麗，賜高麗王龍衣、御酒。

二十日，上不豫。

二十二日，以兀魯不花爲中書參知政事，王信爲上都留守。

二十八日，始召見羣臣。

夏四月一日，詔晃火帖木兒、也速分道討賊，恢復京師。

初五日，傳聞賊將常遇春率數將分道深入，上手詔戒嚴。侍御史任忠敏疏，請速幸和林，召集東西部諸藩爲恢復之計。

初六日，也速丞相敗績於灤州按元無此州名，當是譌字。〔一一〕

初十日，忽都帖木兒由太禧院使拜上都留守。

十四日，□□遣人以手書至行在，〔二〕省臣議斬之。上曰：「彼無罪，逐之可矣。」上寬仁如此，宰相不能將順，致海宇土崩，覆亡之罪，固有所歸矣。

五月初六日，平章政事此下有脱文。

自十四日，佶苦痢請假養痾，至六月初旬始愈。

十九日，此下有脱文。

六月初五日，也速丞相與賊兵戰於全甯，賊首爲常遇春，驍健有名，率步騎十萬入寇。也速公戰不利，退至大帽山。

初七日，敗書聞。上急召羣臣，議幸和林。

初九日，平章政事李百家奴卒。哈剌公加開府儀同三司，封徐國公。

十二日，賊陷大興州，〔三〕中書右丞脱火赤逆戰敗績，爲賊所擒。脱公嗜酒，醉而踣於陣，士卒盡没。

十三日，車駕幸應昌府，留河南王普化、中書平章政事鼎住守上都。

十五日，晃火帖木兒王與賊兵戰於新開嶺，大敗。王匹馬陷陣，死之。

十七日，賊陷上都。是日，車駕至曲也腦兒，尚不知敗信。

十八日，詔擴廓帖木兒入援。

二十日，車駕至應昌。

二十一日，帝不豫。

二十六日，帝疾瘳，始議幸和林之計。觀音奴公建議，令西邊諸將攻大同，賊顧後路，可以紓難，從之。

八月初三日，脱列伯、孔興等合兵攻大同。

初四日，我師敗績。

初十日，敗書聞，省臣請徵擴廓帖木兒王入援，遣御史中丞黑的齎手詔以往。應昌未經紅賊，城市尚完，惟六軍蒞止，糧儲先罄。哈剌公屢言之，上亦無可爲計也。

九月二日，復遣侍御史雙雙徵擴廓帖木兒王入援。

初六日，哈剌章公拜太保之命，公固辭，不許。

初七日，郡王阿憐歹入覲，詔郡王統五投下之衆，屯於惠州。〔一四〕

二十五日，也速丞相退保紅羅山。

十月十一日，□□遣人，〔一五〕復以書來，詔屏之城外，以孛羅罕爲此下有脱文。

十一月十八日，陝西行省左丞王公克勤至應昌。王公至擴廓王營中，擴廓附奏，請車駕速幸和林，勿以應昌爲可恃之地。

十九日，帝不豫。

十二月十二日，帝始視朝。

十四日，封也速丞相爲威定王。

十八日，御史大夫朵朵卒，以三寳奴爲御史大夫。

三十年正月初二日，帝不豫，詔皇太子總軍國諸事。

初九日，詔觀音奴公賫手詔，賜擴廓帖木兒王，徵其入衛。觀音公奏請以監察御史張佶從行，上允之。

初十日，佶從觀音公入見。

十一日，啓行。

自二十八年閏七月，至三十年正月，共十七月之事，佶所知者，撮其大要載之，以備異日掌故。至密勿大政及軍旅之計，非小臣所得知者，姑闕之云。

咸豐己未冬十月，獨山莫友芝手鈔。

光緒戊申，予承乏黔學，屬黄平樂采臣孝廉購獨山莫氏藏書，得子偲先生手抄影北宋本周易舉正、元劉佶北巡私記二種，皆希世之秘笈也。予方從事元史，得劉氏此書，如獲海外奇珍，自詫爲平生第一幸事。順帝北奔以後，舊史無徵，賴有此書，略見當日之梗概。惟展轉迻寫，不免奪舛，惜無别本以資校勘耳。膠州柯劭忞識。〔一六〕

校勘記

〔一〕哈剌章　按原作「哈喇章」，係據四庫館臣改譯遼金元三史的一般譯例所改，實應作「哈剌章」，徑改。下同。

〔二〕健德门　「健」原作「建」，此據元史卷四七順帝紀十改。

〔三〕王弘遠　原作「王宏遠」，係避乾隆名諱弘歷而改，應作「王弘遠」，徑改。

〔四〕也先不花　原作也速不花，據前後文，應作「也先不花」，德文譯注本與柯立夫已校，徑改。下同。

〔五〕此下有脱文　德文譯注本認爲：此處並未明確提及鼎住的具體職位，但鑒於他在上月已爲右丞，在次月又被升爲僅次於左丞相的平章政事，所以他在此應該被授予了一個軍銜，可能在納哈出的太尉之下。按太尉在元代是榮譽加官，有時與司徒、司空並稱三公，或開府或不開府，雖然濫授頻繁，但仍是加給高官顯宦、以示榮寵的爵號之一，故此處脱文疑爲「司徒」或「司空」。

〔六〕省行　德文譯注本懷疑「省行」係「行省」之倒訛，柯立夫認爲或可讀作「省臣」，即中書省臣之省。

〔七〕二字誤　德文譯注本認爲：刊印者將此視作原文的一處錯誤，然揆諸情理，這裏指的應是過去的某一事件，「初二」不是所脱漏的文字之前的日期。柯立夫指出刊印者很可能將「初二」視作上旬的第二天，由於緊隨此日之前的是「二十四日」，故「二」應是其他數字之誤，但刊印者未注意的是，「初」在此係追溯，意爲「此前」，故「二」可能是「二十一」、「二十二」或「二十三」。

〔八〕張思道　原作張宗道，按元末名將張良弼字思道，德文譯注本已校，徑改。

〔九〕新曆　原作歷，應作「曆」，徑改。下同。

〔一〇〕全甯州　按元成宗大德七年（一三〇三），升全甯府爲路。仁宗延祐六年（一三一九）七月，「皇姊大長公主祥哥剌吉作佛事，釋全寧府重囚二十七人，敕按問全寧守臣阿從不法，仍追所釋囚還獄」，説明此時「全甯府」一稱仍偶有使用。然「全甯州」在元代文獻中僅見於此，頗疑爲「全甯府」之訛抄。

〔一一〕灤州按元無此州名，當是譌字　德文譯注本認爲：正如刊印者所説「灤」是譌字，應寫作「潭」。然潭州位於熱河南，在常遇春的列傳中並未提到這一戰役。

〔一二〕□□遣人以手書至行在　德文譯注本認爲：據明實録卷四一，此處主語只能是明朝所派使者，因爲在四月十一日明太祖同時致信惠宗和納哈出，其中警告了納哈出的越界侵犯。此處脱漏的兩個字很可能是「賊將」，正如當時元朝官方對明太祖的稱謂那樣。

〔一三〕大興州　原作「大甯州」，爲「大興州」之誤，後者在今承德西二十公里灤河畔，參看張岱玉元朝末代中書右丞相也速行迹及其與時局關係探究，元史及民族與邊疆研究集刊第三十二輯，上海古籍出版社，二〇一七年，第三八頁注釋五、一〇，徑改。

〔一四〕惠州　原作「會州」，爲「惠州」之誤，係元代遼陽行省大寧路所轄一州，相當於今河北平泉縣，參看張岱玉元朝末代中書右丞相也速行迹及其與時局關係探究，第三八頁注釋三、一二，徑改。

〔一五〕□□遣人　德文譯注本認爲，此處脱漏的兩個字應是「賊將」。

〔一六〕柯劭忞　原作「邵」，應作「劭」，故改。

農田餘話

（明）長谷真逸 輯撰
魏崇武 整理

前言

一

農田餘話二卷，元、明之際人長谷真逸輯撰。然而，這個「長谷真逸」到底是誰，一直是個謎。自明徐𤊹徐氏家藏書目根據農田餘話卷下第九條後的題記，著録其作者爲吴人張翼之後，有清黄虞稷千頃堂書目、萬斯同明史等不少著述也延續了這一錯誤，直到現在仍有學者受其誤導。其實，四庫全書總目之農田餘話提要早已提出質疑：

舊本題「明長谷真逸撰」，不著名氏。所記多元末及張士誠竊據時事。中一條記至正壬辰紅巾入寇，又一條記至正甲申流星墜地事，皆所親歷，則其人生於元末。而下卷内一條稱「正德庚午九月一日蘇臺張翼南伯志」云云，相距一百五十八年，年月殊爲抵牾，或後人有所增入歟？（一）

這一質疑很有力。清人周中孚也斷言「正德庚午九月一日蘇臺張翼南伯志」該條非原書所應有，（二）對此，筆者完全贊同。而且，可以肯定地説：張翼所增者，是就其前一條内容所下的按語。關於這一點，仔細閲讀原文即可知。

對此，筆者撰有農田餘話作者小考（元史及民族與邊疆研究集刊第二十九輯，上海古籍出版社，二〇一五年）一文，提出其作者應爲華亭（今上海松江）人邵亨貞之長子邵克穎。有一篇稍晚於拙文發表的論文，提出了農田餘話作者爲邵亨貞的觀點，而筆者通過本次整理，則更進一步確定了作者不可能是邵亨貞。拙文當時忽略了一條重要證據，即：卷上第二十五條輯録了「翰林王學士」關於「道心」「人心」的一段議論，其中有小註指明此人「名善，字達善」。據大明太宗文皇帝實録卷五〇記載：

> （永樂五年六月乙未）翰林院侍讀學士王達卒。達，字達善，無錫人。自縣學訓導，以薦陞國子助教。上即位，用姚廣孝言，陞翰林院編修，再陞翰林院侍讀學士。達性澹泊，爲人謙和恭慎，爲文章以詩名。上間問建文君過失事，達對曰：「可與爲善，但輔導者非人，故誤之耳。」達卒年六十五，命有司歸其喪。（明張輔、楊士奇纂修，國家圖書館藏明抄本，編號一三三二五）

據此可知，王達生卒年爲一三四三——一四〇七年。而邵亨貞卒年爲一四〇一年，對於王達在永樂二年（一四〇四）三月庚申日陞任翰林侍讀學士（大明太宗文皇帝實録卷二七）一事，根本無從得知，更不用説寫進農田餘話一書了。因此，農田餘話作者的不可能是邵亨貞。至於筆者爲何堅持農田餘話作者可能爲邵克穎，可參看拙文農田餘話作者續考，此處略過。

二

農田餘話全書共分兩卷，卷上六十八條，卷下四十六條。〔三〕此書雖然總文字量不大，但内容豐富，包括了天文、曆法、氣候、物産、政治、經濟、軍事、禮制、習俗、文學、藝術、預言、高論、逸事等，所記内容絶大多數屬於北宋到明初的歷史階段，而尤以元代爲多。

此書所涉人物，上至宋、元帝后（如宋幼主趙㬎、元世祖、元文宗、元順帝、奇皇后等）、朝廷重臣（如司馬光、文天祥、劉秉忠、廉希憲、伯顏、脱脱等），以及割據勢力首領和地方軍閥（如張士誠、楊完者、王與敬等）、官紳土豪（如朱清、張瑄、曹夢炎、王景玉、朱軫、管國英等）、文人學士（如朱熹、郝經、趙孟頫、任仁發、曹知白、謝應芳、王達等）、宗教人士（如丘處機、李溥光、陶谷庵等），下至諸多普通人，林林總總，形形色色，展現出豐富多彩的一幅又一幅歷史人物圖卷。

此書記事亦多種多樣，既有政治、軍事大事，亦有民間傳説、妖術惡行等。其中，尤以元代中後期江南地區的相關内容最具價值，比如：卷上第六十八條記松江曹夢炎家族因圍墾澱山湖田而致富及惹出官司等事，對於了解元中期太湖以東地區的經濟、吏治等狀況有一定幫助；又如第三十一條記楊完者被圍自殺之事，可進一步豐富元史達識帖睦邇傳中所謂「與士誠定計除完者」之細節；第三十二條述王與敬叛松江之前因後果，言簡事核，被徐乾學修入資治通鑒後編；卷下第二十條録至正二十四年八月張士信逼迫達識帖睦邇讓出江浙行省左丞相之移文，亦可補充元史達識帖睦邇傳的相關内容，後錢謙益國初群雄事略卷七即據以抄録；卷上第十七條記張士信縱情聲色事，亦可與謝應芳淮夷篇「甲第連青雲，圊溷亦丹碧。瑤池長夜飲，天魔舞傾國」（龜巢稿卷九，清光緒間武進盛氏刻常州先哲遺書本）的記載相參證。還有，其它方面的内容如卷上第十三條所記元代交鈔興廢及通脹情況，爲元代經濟史、貨幣史的珍貴史料；卷下第五、六條所記日食、彗星等天文現象，可補元史之不足；第七條所記極光現象，則可與日本文獻相印證；等等。以上略舉數例，亦已可見農田餘話之價值，故明末和清代有多種書籍加以摘抄、引用，可謂不足爲奇。

此書記言相對少一些，價值亦不如記事，但一定程度上透露了作者的思想觀念。書中部分條目摘引某人言論或某書議論，被引者有隋人王通，唐人柳宗元，宋人邵雍、司馬光、朱熹、真德秀，元人郝經、謝應芳，明人王達，以及易、書等，涉及到理學範疇、民間禮俗、人生哲理、人物評價、某些社會現象的評論等，從中可以看出作者應是一位程朱理學的信徒。作者有時也會以整條（如卷上第九、十、五十六條和卷下第三十三條等）直接發表對史事、時世等的議論，在某些條目中也有隨機的感發。其中如第九條對於南宋至元中期詩文風氣的評價，頗受後人的重視。四庫全書總目之文山集提要，就引用了該條的大半内容來評價文天祥詩文創作的文學史意義。不過，在農田餘話中像這樣整條發表議論的文字並不很多，更多的是在記事中體現作者的傾向。比如卷下第十二條記述民間歌謡「官吏黑漆皮燈籠，奉使來時添一重」等，並無一字直接評論，卻鮮明地體現了作者對於吏治黑暗的諷刺態度。

此外，農田餘話還有可用於校勘他書的價值。比如，舊題作者「唐劉恂」之嶺表録異久佚，四庫館臣曾於永樂大典中輯編成書，有四庫諸閣抄本及武英殿聚珍版書本。魯迅曾利用多種唐、宋類書所引各條以校勘四庫本嶺表録異，并作補遺，其校記置於附録。但從農田餘話卷下第九條所引嶺表録異的文字來看，可謂與四庫本嶺表録異互有校勘價值。嶺表録異之「蛇，疑駕反」，農田餘話作「蛇，癡駕反」，雖然二書之「蛇」均誤，當爲「蛇」，但反切則以農田餘話爲正確。

從上述數例，可略窺農田餘話價值。然而，該書錯訛之夥，亦屬罕見。陳繼儒曾在岩棲幽事中自陳：「余得古書，校過付抄，抄後復校，校過付刻，刻後復校，校過即印，印後復校，然魯魚帝虎，百有二三。」（寶顏堂秘笈本，不分卷，頁二十三上）若從農田餘話一書來看，則其所謂嚴謹態度，恐有言過其實之嫌。如「莊蓼塘」誤作「章了堂」，三字全誤；「年」誤析爲「中子」二字，等等。甚至在卷下第三十三條中，上下文僅隔十餘字，同一詞重複使用，竟然出現「遺顯」「貴顯」前誤後不誤的失校現象。據陽海清中國叢書綜録補正「寶顏堂秘笈」條考證，農田餘話是廣集中少數未冠以「陳眉公訂正」或「寶顏堂訂正」之類字樣的著述之一（廣陵古籍刻印社，一九八四年，第十頁），但陽先生忽略了農田餘話卷下其實是冠有「寶顏堂訂正」五個字的。不過，就書内上、下卷相比，卷上固然錯誤不少，而卷下的錯誤卻又遠多於卷上，可見有「寶顏堂訂正」五字也不見得就是質量保證。因此，此書雖頗具價值，但若不經認真校勘，必然大大影響其使用價值。

三

從上文關於王達陞任翰林侍讀學士的時間可知，農田餘話成書應在明永樂二年（一四〇四）三月十九日（庚申日）之後。此書卷下第九條後有蘇州人張翼寫於「正德庚午（一五一〇）九月一日」的按語，可見正德間太湖流域有人可以讀到此書，但不詳其所讀是何種版本。從明代的著録情況看，農田餘話在明初、中期的流傳不廣。到了明末清初，著録和摘引農田餘話的各種著述明顯增多，這可能與寶顔堂秘笈廣集的刊行有很大關係。

目前，筆者所知農田餘話的現存版本如下表：

書名及卷數	版本
農田餘話二卷	明萬曆四十三年（一六一五）繡水沈氏刊亦政堂鐫陳眉公家藏廣秘笈本（明陳繼儒輯，亦稱寶顔堂秘笈廣集）（底本）
	民國十一年（一九二二）上海文明書局石印寶顔堂秘笈本（校記稱「石印本」）
	民國五十四年（一九六五）臺北藝文印書館百部叢書集成影印寶顔堂秘笈本
	一九九一年中華書局叢書集成初編據寶顔堂秘笈排印本（校記稱「排印本」）
	一九九五年齊魯書社四庫全書存目叢書影印寶顔堂秘笈本

續表

書名及卷數	版本
農田餘話一卷	明末刊說郛續（明陶珽輯）本（校記稱「說郛續本」）
	明末刊皇明百家小說（明佚名輯）本（校記稱「百家小說本」）
	明末刊五朝小說（明佚名輯）本
	明末刊五朝紀事（明佚名輯）本
	明末刊明六十家小說（明佚名輯）本
	清順治三至四年（一六四六—一六四七）兩浙督學周南李際期宛委山堂刊說郛續本
	民國十五年（一九二六）上海掃葉山房石印五朝小說大觀本
	一九八八年上海古籍出版社說郛三種影印明末刊說郛續本
	二〇〇二年上海古籍出版社續修四庫全書影印清初宛委山堂刊說郛續本

上述版本形成了二卷本和一卷本兩個系統。就二卷本而言，明萬曆四十三年（一六一五），繡水沈氏刊行亦政堂鐫陳眉公家藏廣秘笈（亦稱寶顔堂秘笈廣集），所收農田餘話是現存最早的版本，迄今尚有多家圖書館收藏，臺北藝文印書館百部叢書集成、齊魯書社四庫全書存目叢書均據之影印。上海文明書局石印本、中華書局排印本均略有校訂，但無校勘記，且新産生的錯誤也不少。

至於一卷本農田餘話，則分别見於説郛續（一作續説郛）、皇明百家小説、五朝小説、五朝紀事、明六十家小説、五朝小説大觀、説郛三種、續修四庫全書等多種叢書。一卷本所收録的内容，包括二卷本卷上的第二、四、九、十四、十五、二十五、二十九、三十四、三十五、四十七、四十九、五十七、五十八、六十三、六十四、六十五、六十七條，和卷下的第二十四、三十五、三十七、三十九、四十一條，共二十二條，從條目來看不到二卷本的兩成。

上述幾種叢書所收一卷本農田餘話，可分爲説郛續和皇明百家小説兩個系列。

説郛續爲明末人陶珽所編，刊於萬曆間，附重輯一百二十卷本説郛以行。後有人以説郛續刊板重編，印行明六十家小説。説郛續版片毁於明天啓元年武林大火，[四]清順治三年至四年李際期宛委山堂予以重刊。一九八八年，上海古籍出版社影印説郛三種，其中説郛續以明刊本爲底本；二〇〇二年上海古籍出版社出版續修四庫全書，其中説郛續則據宛委山堂刊本影印。

皇明百家小説乃明末清初錢塘張遂辰所輯，（五）據書名「皇明」二字，知該書應在明末已編成。其後，明佚名將皇明百家小説與魏晉小説、唐人百家小説、宋人百家小説彙編一起，編成五朝小説，於明末刊行問世。而五朝紀事之「皇明」部分所收録者，當是明末書賈利用皇明百家小説殘存書板改題别刷而成，其扉頁題「馮猶龍先生輯」，實乃僞託。（六）民國以來，則有據五朝小説略加增删後石印而成的五朝小説大觀本。

然而，這兩個系列的叢書關係複雜。説郛續與皇明百家小説之間究竟孰先孰後，誰利用了誰的刊板，這些問題伯希和、渡邊幸三、景培元、倉田淳之助、昌彼得、程毅中等中外著名學者先後在不同程度上有所涉及，但迄今爲止仍未形成共識。（七）具體就農田餘話而言，皇明百家小説本與説郛續本無論從版面斷口、版式、字體、内容等情況來看，顯然利用了同一刊版進行刷印。因而，看似分屬兩個系列，實則同源異流。此外，考慮到農田餘話之前流傳不廣，不僅未見單行本，二卷本除寶顔堂秘笈之外亦未見於其他叢書，而陶珽與陳繼儒多有來往，如説郛續早於皇明百家小説，則一卷本農田餘話有可能節録自寶顔堂秘笈本，或直接節録自寶顔堂秘笈本之底本；即便皇明百家小説早於説郛續，上述可能性也同樣存在。

綜合上述情況，此次整理農田餘話，以明萬曆四十三年（一六一五）繡水沈氏刊寶顏堂秘笈本爲底本，〔八〕校以説郛三種影印明末刊説郛續本（校記中稱「説郛續本」）、國家圖書館藏皇明百家小説本（校記中稱「百家小説本」）〔九〕、民國十一年（一九二二）上海文明書局石印本（校記中簡稱「石印本」）。叢書集成初編排印本（校記中簡稱「排印本」）雖問世較晚，但某些異文有獨到的校勘價值，故在必要時亦加以參校。此外，由於《農田餘話》此書訛誤較多，而不少内容是從他書抄掇而得，到明末和清代又被多種圖書引用，故本次整理亦較多地利用了他校方法。在他校時，儘量選擇善本來進行校勘。不過，由於古人引書並不一定完全忠實於原文，故他校之後，雖有諸多異文，僅擇其有價值者以勘正底本的錯誤，并在校記中説明，其餘則從略。由於本人才疏學淺，此次整理肯定還存在不足之處，敬請批評指正。

魏崇武

二〇二二年七月

注釋

〔一〕清永瑢等欽定四庫全書總目卷一四三，中華書局，一九九七年，第一八九二頁。

（二）清周中孚鄭堂讀書記卷六五，民國十年吴興劉承幹嘉業堂刻本。

（三）按，明萬曆間刻寶顔堂秘笈本、民國十一年上海文明書局石印本和叢書集成初編排印本均有將相近的分條誤合爲一條或將同一條誤析爲兩條的現象。筆者以明萬曆間刻寶顔堂秘笈本爲基礎，根據自己的理解對農田餘話的分條數量加以統計。又，筆者在農田餘話作者小考一文中，將張翼按語也算作一條，此處不再計入。

（四）清王應昌重校説郛序，宛委山堂刊明陶珽輯説郛續本卷首。關於此事，學界存在爭議，而且單從農田餘話來看，所謂清宛委山堂刊本實際上與明刊本顯然是以同一刊版刷印而成。

（五）清祁理孫奕慶藏書樓書目子之目子之九稗乘家稗乘之二説叢著録，國家圖書館藏清抄本（編號Ａ〇五三九三）卷三。全書共收各種小説一百二十種。

（六）可參看潘建國中國古代小説書目研究「五朝紀事」條，上海古籍出版社，二〇〇五年，第六十八頁。

（七）諸文在應再泉等編陶宗儀研究論文集（浙江人民出版社，二〇〇六年）中有收録。

（八）按，同爲明萬曆四十三年繡水沈氏刊寶顔堂秘笈本，不同圖書館的藏本因人爲添筆、劃删、殘缺等而文字略有不同。本書以天津圖書館藏本爲主，以臺北圖書館藏本（簡稱臺圖本）爲參考。

（九）説郛三種影印明末刊説郛續本有若干字殘損，國家圖書館藏皇明百家小説本則有文字漫漶的現象，二者可以互補。此外，雖以同一刊板刷印，但由於後印者有挖改，因此二者之間還存在幾處異文。

卷上

一

「天有十二辰，〔一〕列於方者，〔二〕有神司其位。日出在東，其對在西，西爲雞，而日光含景，則雞在日中。及運而西，其對在卯，卯爲兔，而月光含景，則兔在月中。月出東溟，向之而生明，則與日相望，故月得日光，景隨光見，月有兔形者，亦何異哉！世傳月中有桂，蓋日行于西，與扶桑對，〔三〕則移景日中矣。月望之明，景亦隨之。故月之所具而有者，皆日光所及也。」此廣川董氏畫□□□□□□□□□理。

校勘記

〔一〕天有十二辰　「辰」，原作「艮」，據宋董逌書月宫圖後（明嘉靖間韓宸刻本廣川畫跋卷二）改。

〔二〕列於方者　「列於」二字原闕，據書月宫圖後補。

〔三〕與扶桑對　「對」，原誤刻於上文「桂」之下，據書月宫圖後正。

二

至元中，遣官十四員分道測日影，用四丈之表。南海，北極出地一十五度，夏至日在表南一尺一寸六分，〔一〕晝五十四刻，夜四十六刻。衡岳，北極出地二十五度，夏至日在表端，無影。〔二〕北至北海，北極出地六十五度，夏至景長六尺七寸八分，〔三〕晝八十二刻，夜十八刻。疑即唐太宗時，貞觀二十年骨利幹遣使入貢來朝，言其國日入後煮羊脾熟已天明者，此地是也。

校勘記

〔一〕夏至日在表南一尺一寸六分　「六」，原作「五」，據元史（明洪武三年内府刻本）卷四八天文一「四海測驗」改。

〔二〕無影　按元史於「影」下有「晝五十六刻，夜四十四刻」十字。

〔三〕夏至景長六尺七寸八分　按元史於「至」下有「晷」字。

三

陳孚剛中以禮部員外郎奉使安南，其地初三新月在天心，夏至日午光入北牖，有排律五十韻紀其國俗。至元甲申十一月，五星聚斗牛。至正甲申十一月，五星并日、月復聚牛斗。宋淳熙丙午八月，日、月、五星聚于軫。閩越之地，古爲蠻夷，在漢唐亦爲偏方下國。至宋，則名公巨卿項背相望于是焉出，而閩爲尤勝。如建之章惇、胡天定父子、真西山、蔡西山父子、朱文公、劉屏山、游定夫，福之陳古靈、鄭夾漈、余深、朱倬，〔一〕邵武之李綱、黄潛善、李果齋，南劍之楊中立、李延平、陳了齋，泉之曾公亮、蘇頌，興化之蔡襄，皆一時之才賢，且伊洛遺統之所系。四方地氣消長盛衰之理，昔人之論不誣。

校勘記

〔一〕朱倬　「朱」，原作「未」，按閩縣人朱倬字漢章，紹興末年仕至尚書右僕射，宋史有傳，故據改。

四

古曆，五星皆順行。至秦，始有金火之逆。漢初側候，五星皆有逆。故班氏謂周之末造，〔一〕人紀不修，師旅數起，五緯始失常度。〔二〕

校勘記

〔一〕故班氏謂周之末造　「周」，原作「問」，據排印本改。按此條原輯自元馬端臨文獻通考（元泰定元年西湖書院刻本）卷二八〇象緯考所引中興天文志，該書作「周」。

〔二〕五緯始失常度　「始失常度」，原作「如失常矣」，據元馬端臨文獻通考卷二八〇象緯考所引中興天文志改。

五

古人建步立畝，六尺爲步，百步爲畝。至唐始以二百四十步爲畝，百畝爲頃。

六

吴中皆江湖平曠之地，瀕于海隅，東南北三面無高山限隔，春夏多大風，古人謂東南多風是也。且東南、東北、西北三隅之風，往往迅暴，惟西南一隅無甚大風。蓋由武林、浙右天目諸大山障隔，〔一〕故其風之來稍緩，氣鬱烝濕，人亦肢體疲倦，乃西南坤維濕土之氣使然。

校勘記

〔一〕蓋由武林浙右天目諸大山障隔　「大」，原作「文」，據排印本改。石印本無「文」字。

七

閩廣之地，稻收再熟，人以爲穫而栽種，〔一〕非也。予嘗識永嘉一儒者池仲彬，任黄州黄陂縣主簿，詢之，言：其鄉以清明前下種，芒種蒔苗。一壟之間，稀行密蒔，先種其早者，旬日後，復蒔晚苗于行間。俟立秋成熟，刈去早禾，乃鉏理培壅其晚者，盛茂秀實，然後收其再熟也。

校勘記

〔一〕人以爲穫而栽種　「栽」，疑「載」之誤。清陳元龍格致鏡原（文淵閣四庫全書本）卷六一穀類稻作「再」。

八

凡産茶之地，山南則冬無寒風，多陽氣而和暖，得春氣而先發，故芽嫩全味厚。生山北則受風雪多而陰寒，至春深始萌，葉厚而拳跼，氣味不全，如海産香之地相似。偶見一茶商論之近理，即茶經謂生「陰山坡谷，不堪採掇，性凝滯，結瘕疾」者是也。〔一〕

校勘記

〔一〕即茶經謂生陰山坡谷不堪採掇性凝滯結瘕疾者是也　「山坡」，原作「陂」，據唐陸羽茶經（宋咸淳九年百川學海本）卷上改；「滯」，原脱，據茶經卷上補；「瘕疾」，原作「癥瘕」，據茶經卷上改。

九

宋南渡後，文體破碎，詩體卑弱，惟范石湖、陸放翁爲平正。至晦庵諸子，始欲一變時習，模倣古作，故有「神頭鬼面」之論。時人漸染既久，莫之或改。及文天祥留意杜詩，〔一〕所作頓去當時之凡陋，觀指南前、後録可見，不獨忠義冠于一時，〔二〕亦斯文間氣之發見也。至元間，戴帥初、趙子昂諸公始出，〔三〕作詩文皆從李杜韓柳中來，〔四〕頓掃舊時之氣習，〔五〕非惟遺山、劉靜修諸公系中原文脉，而南人文格亦變。

校勘記

〔一〕及文天祥留意杜詩　「天」，原脱，據石印本、排印本及清永瑢等四庫全書總目（清乾隆五十四年武英殿刻本）卷一六四文山集提要補。

〔二〕不獨忠義冠于一時　「冠」，文山集提要作「貫」。

〔三〕戴帥初趙子昂諸公始出　「戴」，原作「載」，按戴表元字帥初，元史有傳，據改。又，「戴帥初」，古今圖書集成理學彙編文學典卷二三三詩部雜録十八引農田餘話作「虞伯生」。按戴表元年長於趙孟頫，而虞集生年晚於趙近二十年，疑古今圖書集成誤。

〔四〕作詩文皆從李杜韓柳中來　「來」原作「乘」，據古今圖書集成理學彙編文學典卷二三三詩部雜録十八改。

〔五〕頓掃舊時之氣習　「舊」，原作「者」，據石印本、排印本改。

十

宋祚將終，不獨文氣衰弱，民間歌曲皆靡靡亡國之音。至今臨安府瓦子印行小令，人家尚存，於此可見。至正間，北人歌辭破碎，聲調哀促，號通街市，無復昔時文物豪雄之氣。而人多製香羅帶、酷相思之類，悲怨迫切之聲，若不能一朝夕者，聽之使人悽愴不自已，關係元氣運亦不小者。

十一

宋駐蹕錢塘後，歲率以重九然菊燈。迤邐至冬至，則預賞元宵。新年節序連絡，至清明始罷。臨安幹辦，日以整筵宴、飾妓樂爲務，觀周草窗武林雜志可見。

十二

前元自至正未亂之前，四方無事，服色皆尚華彩。男子多服青紫，婦人皆紅，丹臉朱脣，惟居喪者素面素服。自壬辰、癸巳歲後，一概事淡素。男子白衣、白帽、白靴，婦人素面不施朱丹，釵飾之類皆不用，綰髻名「懶梳頭」，衣服全用潔白。蓋白爲金行之氣，金爲兵象刑戮肅殺之氣，是以海内搆兵，人物凋瘵。

十三

前元印造中統交鈔，以銀爲率，名曰銀鈔。一貫文省準錢一千文，直銀一兩。故五十貫爲一鋌，蓋是銀五十兩也。得江南初，以一貫準宋朝里會三十五貫，〔一〕時來沽一貫一石。〔二〕後造至元鈔兼行，以一當五，名曰金鈔。子母相權，至是米值十倍於前。以其中統言之，十餘貫矣。〔三〕至大中，行銅錢，印造至大鈔，一貫爲錢一千文，准銀一兩，當中統二十五貫。數太多，物價騰湧，期年乃罷。至至正庚寅，中統已久廢，改造至正印造中統交鈔，名曰新鈔。一貫准舊鈔十貫，爲鈔一千文。米石價舊鈔六十七貫，至是六十七倍於國初。爾後用兵，率印造以買軍需和糴米，民間貿易不復顧視。至羣雄割據，遂無用矣。始世祖嘗問國祚于丘真人，曰「三樣紙錢飛不起」，至是驗矣。且昔時至元爲母，中統爲子，後子反居母上，亦下陵上之象。

校勘記

〔一〕以一貫準宋朝里會三十五貫　「里」，疑當作「舊」。
〔二〕時來沽一貫一石　「來」，疑當作「米」；「沽」，原作「佑」，據石印本改。
〔三〕十餘貫矣　「餘」，原作「余」，據石印本、排印本改。

十四

今之官斛，規制起於宋相賈似道。前元至元間，中丞崔彧上言其式口狹底廣，出入之間，盈虧不甚相遠，遂行于時，至今不改。

十五

至元間得南國，有總統者發掘先宋江南陵寢，其間金寶不可勝計。取梓宮中尸體，置于故宮殿基上，建石塔壓之，以厭勝江南人。凡宗廟神主、人民版籍，皆置於下，高一十三丈。後有雷火自天而下破塔，烟火焚，經三日方止。或云是天曆戊辰秋也，未詳。其塔至張士誠據浙右時，其弟士信毀之。

十六

高郵湖大蚌珠，自宋汴京時，諸公記之。蚌大如席，珠大如拳，多見於類書，亦天地間一異物耳。是後，不聞有亡。然張氏起於草野，割據方面，受朝命爲王公、爲宰相，平章、金紫比比，雖一時草竊，而卒爲王臣，蓋異物亦爲之先兆也。

十七

張氏割據時，諸公經國爲務，自謂化家爲國，以底小康。大起第宅，〔一〕飾園池，畜聲伎，購圖畫，唯酒色躭樂是從。民間奇石名木，必見豪奪。如國弟張士信，後房百餘人，習天魔舞隊，珠玉金翠，〔二〕極其麗飾。園中採蓮，舟楫以沉檀爲之。諸公宴集，輒費米千石。本皆起於寒微，一時得志，肆情縱欲，一至於此。時人作詩有云：「書生一夜睡不着，太湖西畔是他邦。」士信在圍城，〔三〕中夜于城上土棚下，食金桃飲酒，飛砲入射竅中，擊死。

校勘記

〔一〕大起第宅　「大」，原作「天」，據排印本改。

〔二〕珠玉金翠　石印本作「珠金玉翠」。

〔三〕士信在圍城　「信」，原作「佳」，據石印本、排印本改。

十八

爲天下國家，自古不可弛武備。前元自得江南之後，一概盡毁城壁，諸四海爲一家。民間有弓箭兵器，以重刑。將官用勢襲，其子孫自飲酒食肉，手不能操矛戟，是以中原一旦横潰，盜賊蜂起，焚劫郡縣，如入無人之境。厥後，買民丁，望敵先潰。至正壬辰，賊由湖廣破饒信，入錢塘，犯湖常，無一郡能邀截之者，緣無城池以爲備也。

十九

大河南北，自至正甲申連年荒旱，盜賊白晝城市行劫，人相食。厥後，有蕭留留自淮渡江，入建康之華山。生子，作彌月。有盜網船頭陳顯四等，引官兵弓千人等獲之，餘黨復没江而北。〔一〕

校勘記

〔一〕餘黨復没江而北　「沒」，石印本、排印本作「沿」。

二十

後至元丙子，丞相伯顔當國，禁江南農家用鐵禾叉，即叉鎗。犯者杖一百七十，以防南人造反之意。民間止用木叉挑取木稻，古人所謂肉食者，其智如此。又禁戲文、雜劇、評話等項。

二十一

後至元丁丑，軍民間訛言官起發童男女，自是髫齔以上者婚娶。男女年長久無匹配者，雖貧陋，婚娶無遺。幾一月方止，亦可怪也。

二十二

元世祖城燕都，土中多掘出紅頭蟲。問於劉太保秉忠，劉對曰：「後世壞天下，此類也。」祖曰：「此必西番家也。」吐番皆戴紅帽。故取西番人作帝師以厭，加號曰「皇天之下一人之上西番佛子大元帝師」之稱，在外諸郡立帝師殿以祀之，設蒙古學於中。殊不知亡紅巾之亂。

二十三

至正辛卯，大開黄河。傳握得一石僧，〔一〕背刻云：「莫笑石師姑一隻眼，開了黄河天下反。」果以人夫擾攘，遂致大亂，一時訛言關係不小。

校勘記

〔一〕傳握得一石僧　「握」，諸本皆同，然疑當作「掘」。

二十四

燕城係劉太保定制，凡十一門，作那吒神三頭六臂兩足。世祖庚申即位，至國亡于戊申、己酉之間，經一百一十年也。

二十五

翰林王學士曰：名達，字達善。「在天爲天命，在人爲天性，理一也，于是乎有心焉。故曰聖靈知覺，虛則見天理之湛者爲甚明，靈則見天理之流行者爲甚妙。靈則虛，虛則靈，知覺于是乎生焉。然行其所當行者，則知覺原夫理。知覺原夫理，人心即道心矣。行其所不當行者，則知覺梏于氣。知覺梏于氣，人心遺道心矣。故理一而氣二，道心同而人心異。然則學者可不盡精一之功哉！」

二十六

至正庚寅江浙鄉試，貢院中驚喧，以爲見大蛇。或言見怪獸，莫測所在；或言舊在武庫中之大蛇。故賦場以「角端」爲題。至冬，方國珍作亂，江浙始用兵。

二十七

文宗潛邸金陵，一日過蔣山寺觀鑄鐘，以所御碧鈿指環投于爐，鐘成，碧鈿宛然在「皇帝萬歲」字之上。有術士王一初妙于六壬，嘗與帝占，許其有神器。及即位，以一初爲鎮江府尹。一初被召，在京師日，常在上前。有飛鷄墮于殿前，命占之，曰：「當有不管軍不管民大官人死亡之徵。」頃之，果有以帝師薨聞于上。

二十八

趙子昂未仕時，在錢塘訪鬼目相士。至肆中，拜之。鬼目曰：「且保重。官至一品，名聞四海。」人品也。〔一〕

校勘記

〔一〕人品也　按陶宗儀南村輟耕録（四部叢刊三編景元本）卷四相術條記登州術士李國用至杭州，於宴會座中遥相趙孟頫面，亦有「官至一品，名聞四海」之語。除此八字之外，其餘内容與此條差異較大。「人品也」三字疑衍，或其中有脱漏。「品也」二字在底本和石印本中均作雙行小字，應是爲了在行末空出一格，以免滿行難以與下一條相區别。

二十九

丙中，張氏據姑蘇，楊參政以苗僚守嘉禾。二境之間，往往以取功富貴，易于反掌。上則參謀軍事，次則招集無賴少年，爲義士頭目，殺掠鄰境，名曰檢括。金帛財貨，打劫不貲，至於墻屋，亦折毁而歸，一時無不如志。厥後多被殺戮，或後貧困，或貽禍于後人。

三十

宋末德祐間，北兵入浙，國中擾擾。間有不逞者，輒强梁爲暴，多爲豪右所殺，或事平被戮。元曾祖教授公嘗語諸先子。〔一〕至至正壬辰，紅巾寇入杭。丙申，淮寇入姑蘇。先子嘗以之語諸鄉人，勸戒之。是時，多有無良之人，顯然肆惡，皆爲有力者殺及全家。或平日所行不善，此時略宣横語，即遭殺死者，亦多有之。皆目見也。

校勘記

〔一〕元曾祖教授公嘗語諸先子　「元」，疑當作「先」。

三十一

楊左丞完哲字伯英，〔一〕家世播州楊氏。湖湘亂，以苗僚義軍征行，〔二〕自備糧餉衣裝，故所至多殺掠。轉戰至江東，駐軍廣德。丙申，淮張入姑蘇，江浙丞相達世公除完哲爲參政，攻討軍于嘉興，逗遛不進。丁酉，張氏遣僞平江知府周仁詣軍門納欵。既降，張氏部將史文炳往杭州見完哲，〔三〕相見甚歡。〔四〕文炳大設宴，盛陳烏銀器皿、嵌金鐵鞍之類，皆奇巧可愛。席罷，盡以遺楊，自是約爲兄弟。久之，楊謀復建德，文炳以所部從之。〔五〕及史至，盡以麾下兵圍楊北關營中，言是受丞相節制。蓋楊是時位左丞相，權傾一時，丞相亦忌之。完哲久戰屢挫，乃縊于營中，時戊戌八月也。諸軍反投張氏。

校勘記

〔一〕楊左丞完哲字伯英　按元史書其名作「楊完者」。此條下文「達世」，據元史當作「達識」，爲「達識帖睦邇」之省稱。對於此種異譯，本書不予校改。

〔二〕以苗僚義軍征行　「行」，清錢謙益國初群雄事略（民國適園叢書刊漢唐齋藏舊鈔本）卷七所引農田餘話作「討」。

〔三〕張氏部將史文炳往杭州見完哲　「張氏部將史文炳往」七字，此處原闕十一字，據國初群雄事略卷七補。

〔四〕相見甚歡　「歡」，原闕，據國初群雄事略卷七補。

〔五〕文炳以所部從之　「文炳」，原作「大約」，據國初群雄事略卷七改。

三十二

王與敬字可權，淮西人。少倜儻，因亂以軍功得官。官至元帥，以善射得名。至正丙申春，淮寇江浙，以所部禦于常熟。兵潰退，欲入保姑蘇。時參政脱因納城不納，〔一〕乃抵嘉興。楊參政完哲欲殺之，遂駐兵松江，謀結水寨于澱山湖等處，令上户供給其軍，首鼠兩端，爲自全之計。楊參政遣裨將鐵木練思陰圖之，王知其謀，其屬官戴萬户嗾其異圖，意遂决，乃焚劫松江以叛，時二月十九日也。鐵木及守令以下皆遁。數日，完哲調裨將蕭諒襲擊走之，奪其婦女陷于叛中者數百人。與敬脱走，由上海投淮張，僞命爲威虜將軍，〔二〕偕僞元師史文炳寇松江，松江遂陷。次年，淮張納欵，除與敬同簽書行樞密事。初，淮寇入據姑蘇，〔三〕丞相達公命楊完哲以苗僚由嘉興，方國珍以海舟由太倉，水陸並進，爲征討恢復計。值與敬叛松江，〔四〕遂沮其兵。楊參政完哲統領八番、思、播苗僚徭僮兼江湘湖廣之人從之，〔五〕慓悍勁疾，輕捷如飛，慘酷不情，所至殺掠無遺。如遣蕭諒復松江，賊既去，所遺殘民非割耳即殺之。兵至上海，一路婦女盡虜之，男子捉令擔負，至營門亦殺之，號爲剋復，慘于劫盜，是以重失人心，豈王師吊伐之意？然其保嘉興，復錢塘，驅逐巨寇，功亦不可泯也。丙申二月己酉夜，淮寇攻嘉興北門，楊自暗中獨乘一騎出東，突賊陣後奮擊，出其不意。左右繼至，生擒其酋。僵仆滿道，促射之，其徒溺水死者無計。七月，淮張弟士德據杭州，衆號十萬。自嘉禾赴之，率將士力戰，賊奔潰，士德幾不免，由它道而遁。奪其所掠民復業，省治以安。楊去嘉禾日，告諸將曰：「我去，賊必來，宜謹防之。」比三日，果至，諸師各擊敗之。皆實録也。有儒士董性存撰其勛德碑，具述其事。

校勘記

〔一〕時參政脱因納城不納　上「納」，當作「閉」。按，陶宗儀南村輟耕録卷二九（四部叢刊三編景元本）紀隆平條亦有相關記載，言王與敬戰敗後「殘兵千餘欲走入城，城中閉門不納」。

〔二〕僞命爲威虜將軍　「僞」，原作「爲」，據石印本、排印本改。

〔三〕淮寇入據姑蘇　「據」，原作「淮」，據石印本、排印本改。

〔四〕值與敬叛松江　「與敬」二字原乙，據石印本、排印本正。

〔五〕楊參政完哲統領八番思播苗僚徭僮兼江湘湖廣之人從之　「八番思播」，原作「入番思番」，按元史卷二九泰定帝一有「免大都、興和差税三年，八番、思、播、兩廣洞寨差税一年」云云，故據改。

三十三

松江，故華亭一縣也，在宋爲嘉興之屬邑。唐天寶十年以華亭爲縣，屬蘇州。晉天福五年，以嘉興爲秀州，而割華亭隸焉。宋理宗朝，户九萬七千七百有奇。元初，户版十七萬。時江南六府，二十萬升爲上路總管府，十五萬爲下路，府尹秩三品，隊仗有令字旗、藤杖、木劍之屬。華亭以一邑遂升爲散府，秩四品。〔一〕大朝以錢糧百萬，故與蘇、嘉大郡同秩。諸邑户一十七萬三百二十八，寺觀六百七十七處。

校勘記

〔一〕秩四品 「品」，原闕，據石印本、排印本補。

三十四

嘗見小說家言：吳陸遜居第園有華麗亭，故名華亭。考之雲間志，漢法：十里一亭，十亭一鄉，亭留會宿之所也。凡封侯，初封亭侯，如某亭侯之類。遜初封華亭侯，小說妄也。秦有亭長。

三十五

汴京艮嶽，元朝嘗有回回人于內取雄黃、〔一〕爐甘石數萬斤。蓋雄黃築于嵓穴地道間，可以辟蛇虺；爐甘石雨過之後，日炙之，則有濕氣蒸蒸然，以象嵐霧。故于中築二物。

校勘記

〔一〕元朝嘗有回回人于內取雄黃 「雄黃」下，清周城宋東京考（清乾隆六有堂刻本）卷一七有「數千觔」三字。

三十六

周草窻武林雜志載孝宗一日嘗酌史丞相浩甘黄玉葵花杯，内有紫心一。後此盃在姑蘇一富家，張氏有國，以白金二十鋌買之，進于燕京，即此杯也。

三十七

往見白描王子高會周瑶英一卷内，〔一〕有古曲若干段，非近世歌曲之名，蓋四十大曲之一也〔二〕。後見大曲，譜相合，如紅葉題詩、崔鶯等皆有之，時人不解其音節耳。

校勘記

〔一〕往見白描王子高會周瑶英一卷内　「王子」「瑶」原分别作「玉于」「瓊」。按宋仁宗時，有王迥遇仙之事盛傳於時。後蘇軾有芙蓉城詩，其小序云：「世傳王迥子高與仙人周瑶英遊芙蓉城。元豐元年三月余始識子高，問之，信然。乃作此詩，極其情而歸之正，亦變風止乎禮義之意也。」（四部叢刊影印宋刊本集註分類東坡先生詩卷四）宋人胡微之撰有傳奇小説王子高芙蓉城傳，散見於芙蓉城詩各句下施註之中。故據改。

〔二〕蓋四十大曲之一也　「大」，原作「丈」，按宋史樂志、宋吴自牧夢粱録、元燕南芝庵唱論等均有「四十大曲」之稱，故據改。

三十八

「初離蜀道心將碎，離恨綿綿。春日如年，〔一〕馬上時時聞杜鵑。三千宫女如花貌，妾最嬋娟。此去朝天，〔二〕只恐君王寵愛偏。」〔三〕此孟蜀花蕊夫人出蜀赴汴梁作也。本徐匡璋之女。〔四〕或云姓費。〔五〕

校勘記

〔一〕春日如年　「日」，原脱，據宋吴曾能改齋漫録卷一六花蕊夫人詞條補。

〔二〕此去朝天　原作「妾最嬋娟」，據能改齋漫録卷一六花蕊夫人詞條改。

〔三〕只恐君王寵愛偏　按明楊慎詞品「花蕊夫人」條云：「花蕊夫人宫詞之外，尤工樂府。蜀亡入汴，書葭萌驛壁云：『初離蜀道心將碎，離恨綿綿。春日如年，馬上時時聞杜鵑。』書未畢，爲軍騎催行。後人續之云：『三千宫女皆花貌，妾最嬋娟。此去朝天，只恐君王寵愛偏。』花蕊見宋祖，猶作『更無一個是男兒』之詩，焉有隨昶行而書此敗節之語乎？續之者不惟虚空架橋，而詞之鄙，亦狗尾續貂矣。」（國家圖書館藏明刻本楊升庵詞品卷二）明陳繼儒太平清話、清況周頤蕙風詞話等亦持此説。

〔四〕本徐匡璋之女　「璋」，原作「章」，據能改齋漫録卷一六花蕊夫人詞條、元陶宗儀南村輟耕録卷一七（四部叢刊三編景元本）改。

〔五〕或云姓費　按宋陳師道後山先生集卷二八載：「費氏，蜀之青城人，以才色入蜀宮，後主嬖之，號花蕊夫人。效王建作宮詞百首。國亡，入備後宮。太祖聞之，召使陳詩誦其國亡。詩云：『君王城上竪降旗，妾在深宮那得知。四十萬人齊解甲，更無一箇是男兒。』太祖悦。蓋蜀兵四十萬，而王師方數萬爾。」（明弘治十二年刻本）南村輟耕録卷一七云：「蜀主孟昶納徐匡璋女，拜貴妃，别號花蕊夫人。意花不足擬其色，似花蕊之翾輕也。或以爲姓費氏，則誤矣。」

三十九

陸放翁在杭都城一詩：「世味年來薄似紗，誰令騎馬客京華。〔一〕小樓昨夜聽春雨，深巷明朝賣杏花。矮紙斜行閑作草，〔二〕晴窻細乳戲分茶。素衣莫起風塵嘆，〔三〕猶及清明可到家。」〔四〕曹雲翁家有此真蹟，因扁其樓。曰「聽春雨」。「當年走馬錦城西，〔五〕曾爲梅花醉似泥。二十里中香不斷，青羊宮到浣花溪。」〔六〕此放翁在成都後作也。〔七〕嘗見其親筆辭翰，殊有風味。

校勘記

〔一〕誰令騎馬客京華　「令」，原作「吟」，據排印本、陸遊劍南詩稿（明崇禎間汲古閣刻陸放翁全集本）卷一七改。

〔二〕矮紙斜行閑作草　「矮紙斜行」，原作「短紙矮行」，據劍南詩稿卷一七改。按，陸游幽事絶句詩有「矮紙來吴下，長毫出宛陵」之句（劍南詩稿卷六五）、老學庵筆記卷三有「但用一二矮紙，密行細書」之語，可參證。

〔三〕素衣莫起風塵嘆　「莫」，原作「草」，據排印本、劍南詩稿卷一七改。

〔四〕猶及清明可到家　「可」，原作「得」，據劍南詩稿卷一七改。按，此詩題爲臨安春雨初霽。

〔五〕當年走馬錦城西　「走」，原作「立」，據劍南詩稿卷五〇改。

〔六〕青羊宫到浣花溪　「羊」、「到」，原分别作「陽」、「接」，據劍南詩稿卷五〇改。按，此詩題爲梅花絶句。

〔七〕此放翁在成都後作也　「成」，原作「城」，據排印本、石印本改。

四十

予外族曹雲西處士風流雅尚，好飾園池。有軒花木水石間，曰窪盈、曰潔芳；小樓曰聽春雨；有亭竹樹陰森中曰息影，梅間曰索笑。近水，梅軒曰清淺，橘中曰楚頌；花本間有亭，曰遂生；花竹間有橋，曰躡虹、曰霞川、曰月竇、曰愛蓮。命名皆清標不凡。惜乎其家廢于己酉、庚戌，園林百歲巨木、佳花名果輒自枯死，魚鳥皆無復來止。可見竹木禽鳥發生栖止，皆乘人生之氣，氣之和燠，故能使然。大家巨室覆墜陵夷之際，得氣之先，率皆若是。

四十一

郝陵川經論書法：「鍾、王，變篆、隸者也。〔一〕顔變鍾、王，用篆也。蘇變顔、柳，用隸也。故古文則學先秦，篆則學李斯，隸則學鍾繇，楷則學鍾、王、顔、蘇，行與草則學張芝、索靖、二王、張旭。然讀書多，造道深，老練世故，遺落塵累，絶去凡俗，〔二〕翛然物外，下筆自高人一等矣。〔三〕此又以道進技，書法之原也。」

校勘記

〔一〕變篆隸者也　「者」，原脱，據郝文忠公陵川文集（明正德二年李瀚刊本）卷二〇敘書補。

〔二〕絶去凡俗　「絶」，郝文忠公陵川文集（清乾隆三年王鏐校刊本）卷二〇、陵川集（清文淵閣四庫全書本）卷二〇敘書作「降」。

〔三〕下筆自高人一等矣　「自」下原衍一「過」字，據上述郝經別集諸版本删。

四十二

易曰：「一陰一陽之謂道。繼之者善也，成之者性也。仁者見之謂之仁，知者見之謂之知。去聲，上同。百姓日用而不知，故君子之道鮮矣。」

四十三

書曰：「聖謨洋洋，嘉言孔彰。惟上帝不常，作善，降之百祥；作不善，降之百殃。爾惟德罔小，萬邦惟慶；〔一〕爾惟不德罔大，墜厥宗。」

校勘記

〔一〕萬邦惟慶　「惟」，原作「稱」，據尚書正義（一九七九年中華書局影印世界書局縮印阮元刊十三經註疏本）伊訓篇改。

四十四

郝陵川帛書事：元世祖庚申即位，以翰林侍讀學士郝經奉使于宋，告登寶位。宋相賈似道忌公露乞和之盟，拘于儀真，不令入朝，亦不遣還。在儀真新館，作帛書附于鴈足云：「霜落風高恣所如，歸期回首是春初。上林天子援弓繳，〔一〕窮海纍臣有帛書。中統十五年九月一日放鴈，獲者勿殺。國信大使郝經書于真州忠勇軍營新館。」

凡五十九字，帛博二寸、〔二〕高五寸，背有「陵川郝氏」印，〔三〕透於面。〔四〕而公以至元十二年二月送歸國，三月虞人獲鴈于汴梁金明池，爲安豐教授王時中所得。〔五〕延祐五年，集賢學士郭貫出持淮西使節，知之，奏于朝，敕中使取之。〔六〕仁宗裝潢成卷，命翰林集賢文臣題識之，藏諸東觀。或説世祖有「四十騎留江南，曾無一人如鴈」之嘆，遂興師伐宋者，妄也。〔七〕

校勘記

〔一〕上林天子援弓繳　「繳」，原作「射」，據明宋濂題郝伯常帛書後（四部叢刊景明正德本宋學士文集卷一二鑾坡集卷二）改。

〔二〕帛博二寸　「二」，原作「一」，據宋濂題郝伯常帛書後改。

〔三〕背有陵川郝氏印　「背」，原作「皆」，據宋濂題郝伯常帛書後改。

〔四〕透於面　「於面」二字原脱，據宋濂題郝伯常帛書後補。

〔五〕爲安豐教授王時中所得　「中」，原作「若」，據宋濂題郝伯常帛書後改。

〔六〕敕中使取之　「使」，原作「敕」，據宋濂題郝伯常帛書後、石印本、排印本改。

〔七〕按，此條從内容來看，應是節録自宋濂題郝伯常帛書後一文，故主要據之校改。

四十五

李雪庵以善書得名，頭陀布衣在道、釋二民之間，〔一〕爲糠禪教宗，〔二〕官秩一品。元世祖時。〔三〕

校勘記

〔一〕頭陀布衣在道釋二民之間　「陀」，原作「院」，據石印本、排印本改。又，「布衣」二字疑衍。按，此句疑前後有脱簡。

〔二〕爲糠禪教宗　「禪」，原作「禪」。按，糠禪爲佛教禪宗别派，正名爲大頭陀教，由劉紙衣創立於金朝初年，十一傳而至李溥光（號雪庵），可參元耶律楚材寄趙元帥書、元閻復大頭陀教勝因寺碑等。故據改。

〔三〕元世祖時　按，此四字下當有脱簡。

四十六

李息齋善畫竹，嘗爲嘉興守，故其竹吴下多有之。子遵道任台州黄岩知州，尤善畫竹木，優于乃父。

四十七

古人無畫蒲萄者。吴僧温日觀，夜于月下視蒲萄影有悟，出新意，以飛白書體爲之。〔一〕酒酣興發，以手潑墨，然後揮墨迅于行草，收拾散落，頃刻而就如神，甚奇特也。既死，其弟子沈仲華，湖州人，傳其法，亦佳，世多見之。

校勘記

〔一〕以飛白書體爲之　「以」，原作「似」，據清姚之駰元明事類鈔（清文淵閣四庫全書本）卷十八藝術門、清徐沁明畫録（清嘉慶讀畫齋叢書本）卷七蔬果改。

四十八

李運使員嶠亦善畫蘭竹。

四十九

春帖子難得佳者，如鎮南王府「碧梧翠竹神仙宅，玉葉金枝帝子家」，張天師宅「麒麟閣下神仙客，龍虎山中宰相家」，江浙省治「青陽運轉乾坤泰，黄道天開日月明」。

五十

金華黄溍晉卿早年爲湖州長興吏，因簿書被箠，乃棄吏，發憤讀書。登乙卯進士第，爲世名儒，官至翰林侍讀學士。

五十一

趙仲穆雍，松雪之子，善書畫。嘗任淮南知州，有一玉帶。時廉訪某官欲得之，不從，竟以事蟣之而罷其職。至正中，被召入朝，旨下淮安，取往來案牘焚之。仕至翰林待制。〔一〕晚年典郡，爲吴興太守。

校勘記

〔一〕仕至翰林待制　「待」，原作「侍」，據元史百官三改。

五十二

觀古畫書，先察其紈素，可知其世代，真贋不得逃也。觀畫水，先觀其原，次觀其瀾，〔一〕又次觀其流也。

校勘記

〔一〕次觀其瀾　「瀾」，原作「潤」，據宋董逌書孫白畫水圖（明嘉靖間韓宸刻本廣川畫跋卷二）改。

五十三

青龍任水監月山以畫馬得名，〔一〕其子三：縣丞者，由父廕得官，生二子一女。〔二〕至正中，北人有楊姓某官，因亂僑居任氏館舍，子聘，聘任女。其子生而驕，初不知也，嘗登墻窺所聘女，任氏父兄皆惡而侮之，〔三〕欲絶婚而不可得，遂遷延其婚期。楊遂北歸，音耗不相聞，乃以女復受南鄉某氏聘。及親迎，船至其門，其女遂剪髮而泣曰：「奈何以一身而有二夫？吾將奉佛終身焉。」閱其室，多佛書、圖像之屬。已久，〔四〕卒不偕。久之，一日消息來，楊之子已死，憑附其女。玉玉。其女後爲女冠，廉潔無瑕，今年已四十餘矣，事可紀史册。

校勘記

〔一〕青龍任水監月山以畫馬得名　「以」，原作「次」，按元陶宗儀書史會要卷七載：「任仁發字子明，號月山，松江人。官至都水庸田副使，以畫馬得名。中年後方專意學李北海書，即得其法。」（明洪武九年刻本）據改。

〔二〕生二子一女　「二」，原闕，據臺圖本補。

〔三〕任氏父兄皆惡而侮之　「侮」，疑當作「悔」。

〔四〕已久　按，此二字前疑有脱文。

五十四

張氏時，嘉興民夫婦避地行舟于道中。夫挽牽，婦執柁。偶值二兵，利其舟而劫之，乃殺其夫于岸。婦詭言曰：「吾人不良，〔一〕殺之宜也。」二兵挾之歸于平江。伺其隙，潛詣有司訴之，二兵服罪就刑。田野匹婦，固難責以全節，卒能伸大義以復夫之仇，〔二〕亦可尚也！惜乎失其姓氏。

校勘記

〔一〕吾人不良　「人」，石印本、排印本作「夫」。

〔二〕卒能伸大義以復夫之仇　「夫」下原衍「夭」字，據石印本、排印本删。按，臺圖本有校讀者圈删「夭」字。

五十五

長西瑛，〔一〕里耀卿學士之子，〔二〕回回人，居松江。一日與家人飲酒，妻以所插金篦揭肉而食，偶有客至，瑛出迎客，妻速入厨具茶飲。客去，尋向之金篦，無有也。疑爲一女奴所盜，杖之，偶致死。密以錢物賂其父母，得免訴訟。久之，家人與里巷會茶，中有一老婦人，首插金篦，熟視之，乃向之所失物也。詢之，是買于一坊者。及問坊者之所來，云于某家整屋瓦合漏中得之。蓋是時有肉在篦上，爲貍奴銜去，〔三〕墜于彼也。凡事當詳處，失一小物，而致殺人。夫婦二人，不久皆死。

校勘記

〔一〕長西瑛　「長西瑛」，原作「常西吴」，按陶宗儀南村輟耕録（四部叢刊三編景元本）卷一一有金鎞刺肉一條，内容與此條略有差異：「木八刺，字西瑛，西域人。其軀幹魁偉，故人咸曰『長西瑛』云。一日，方與妻對飯。妻以小金鎞刺臠肉，將入口，門外有客至，西瑛出肅客，妻不及啖，且置器中，起去治茶。比回，無覓金鎞處。時一小婢在側執作，意其竊取，拷問萬端，終無認辭，竟至殞命。歲餘，召匠者整屋，掃瓦瓴積垢，忽一物落石上有聲。取視之，乃向所失金鎞也，與朽骨一塊同墜。原其所以，必是貓來偷肉，故帶而去。婢偶不及見，而含冤以死，哀哉！世之事有如此者甚多，姑書焉，以爲後人鑒也。」據改。

〔二〕里耀卿學士之子　「里」，原作「李」，按孫楷第元曲家考略甲藁（上海古籍出版社，一九八一年）之阿里西瑛條有「太平樂府卷首姓氏篇有阿里耀卿，及西瑛。太和正音譜、群英樂府格勢有里西瑛，有阿里燿卿。『燿』『耀』字同。『里』乃『阿里』省稱。西瑛乃耀卿之子。太平樂府卷一殿前歡曲里西瑛下注云：『里耀卿學士之子。』是其證也」云云，故據改。

〔三〕爲貍奴銜去　貍奴，原乙，據清王初桐奩史（清嘉慶二年伊江阿刻本）卷六八釵釧門一首飾改。

五十六

予嘗見富家巨室，不以富有之際結人之心，行方便種德廕子孫，往往剥人之肉以取豐己。人逋數斗，隔年倍息，轉算幾年，以一取百。小民之家，田廬准折一空。彼方以爲得計，儲積嬴餘，富過封君，貽于子孫。豈非良策哉？不再世化爲烏有者，吾見多矣。

五十七

世俗占候雨晴，惟甲子、壬子、甲申、甲寅四日頗可憑。此外俗説占測水旱豐歉，未甚可稽。故眷家伯翔陸先生嘗著田家五行志若干卷，專述田家俗談，爲農家占候一家之書，率多可驗。

五十八

愚民惑于妖巫，雖官府嚴禁，莫之能止。海上一富家，平日不信巫覡。一旦營屋，巫者令木匠造木人，置柱拱中。數年，其家人病，叩于巫。巫言有厭勝于柱拱，發而果得之，乃詰之匠者，告以巫前所教也。聞于官，巫服罪。時縣尹何子正大禁淫祀及巫覡，皆由此始。

五十九

張氏將亡前三二年，民間稱不可了之事，則曰「寧散」。寧，奴梗反，吴音即哽静也，〔一〕猶云「如何」。凡稱荒唐欺紿之事，曰「製砲」。厥後，受大兵圍困，莫之可解，日夜被萬斤砲攻擊不已，將期年乃破。一時里巷之言，亦自可怪。

校勘記

〔一〕吴音即哽静也　「静」，石印本該字處空缺。

六十

洪武甲寅、乙卯之間，街市兒童相語，必曰「也是明朝」，如云「未然」也。後試思之，豈非「鳳鳴朝陽」之語？·乙卯春，民間無産業者起發鳳陽府屯田，全家死于鳳陽居半，其語意頗相符合。

六十一

張氏有國時，浙間一夕月明，四五鼓之間，水皆騰湧，池塘溪塹之内皆然。松江上海邑中墜一海魚，長幾二丈，〔一〕名曰「闊霸」。考諸白孔六帖，魚墜于市，滅亡之象。

校勘記

〔一〕長幾二丈　「丈」，原作「文」，據石印本、排印本改。

六十二

白翎鵲，大能制猛獸，猶海東青善擒天鵝。北人琵琶有白鴿鵲曲。

六十三

司馬温公奉敕編通鑑，置局書寫。凡有誤字，例旁注半「非」，作「⺺」體。〔一〕至今相仍，作「上」字。〔二〕寇萊公當國，凡有文字「準此」，〔三〕字去「十」作「淮」，至今不改。先宋諸人言之。然韻中亦有此「淮」字，莊子有「平中淮」。

校勘記

〔一〕作⺺體　「⺺」，原作「亡」，據石印本、排印本改。

〔二〕作上字　「上」，石印本、排印本作「⺺」。

〔三〕凡有文字準此　「準」，原作「淮」，據下文文意改。

六十四

唐德麟、開元曆皆以驚蟄爲正月中氣，雨水爲二月節氣，未審今法起于何時。

可曉。

六十五

吳下大水歲饑，多是納音屬土之歲，如至順庚午、至元戊寅、至正丁亥、洪武丙辰，理不可曉。

六十六

世俗相傳八句子一百八十年歌，多有意驗。如洪武丙辰結句云：「但看六月中，六畜一齊哭。」是年大水，孳畜無食，人皆殺而食之。庚申歲云：「庚申多鬼哭。」是歲多怪事，如龍潭瘵病、婦人變牛之類。

六十七

海隅曹宣慰，其先起農家，至富强。有孫文載，娶邵玄同先生女。初歸曹氏，一日謂孫婦曰：「可從吾出觀花圃。」遂出所居外，一望平田，菜麥青黃無際。乃言曰：「吾家花圃如是，非爾家奇花異卉之比也。」斯亦務本之言，猶昔人賞黑牡丹之意。

六十八

曹宣慰其父知縣，前宋福王府管莊田人也。至宣慰，日益盛大。時澱山湖爲潮沙漂塞大半，曹氏占爲湖田九十三圍，凡數萬畝。相傳其倉中米囤凡十二行，每行百二十枚。〔一〕又一所少差，亦十二行，行八十四枚。積粟百萬，豪横甲一方。郡邑官又爲之驅使。時有人以謀反不法事，告于江淮行省蒙古臺某丞相。〔二〕相受其賂黄金二十錠，坐其人爲誣告。丞相家奴二人，來索酒錢于曹。曹曰：「我以金廿錠與丞相了，更有何物與爾輩？」家奴歸告丞相，丞相大怒，出所賂金于堂上，凡曹氏主僕即收捕之。曹有一子號「十提舉」，獨單騎北走至燕都，投右丞相聶某。聶某爲之計，約以婚姻結之。乃入奏：「江淮丞相某取要臣姻家金錠二十。」上怒，命下，繫丞相赴京取問，遂服罪。曹氏以糧萬石宣投，〔三〕遥授浙東道宣慰副使〔四〕，有司于文字上增「歲獻」字，〔五〕以是歲歲趣之，子孫爲之累。〔六〕厥後有司以湖田散佃于鄉民，以足其數。在前元元貞、大德、皇慶間事也。〔七〕鄉人苦其豪横，有作對偶云「雪灑荒郊，白占田園能幾日；烟迷曠野，黑漫天地不多時」之語，北人目之曰「富蠻子」。〔八〕

校勘記

〔一〕每行百二十枚　「百」上，原衍「十」，據清黃庭鑑琴川三志補記續（臺北成文出版社二〇〇七年影道光十五年刻本）卷八雜録三「綴瑣」删。「二十」，琴川三志補記續作「十二」。

〔二〕告于江淮行省蒙古臺某丞相　「行」，原脱，據琴川三志補記續補。

〔三〕曹氏以糧萬石宣投　「以」，原脱，據琴川三志補記續補。

〔四〕遥授浙東道宣慰副使　「授」，原作「在」，據琴川三志補記續改。

〔五〕有司于文字上增歲獻字　「于」，原作「以」，據琴川三志補記續改。

〔六〕子孫爲之累　「累」，原作「家」，據琴川三志補記續改。

〔七〕元貞大德皇慶間事也　琴川三志補記續無「皇慶」二字。「貞」，原作「真」，據琴川三志補記續改；「事」，原作「言」，據石印本、排印本、琴川三志補記續改。

〔八〕北人目之曰富蠻子　「子」，原脱，據臺圖本補。

卷下

一

朱清太倉人，張瑄居上海，二人本海寇，元初就招安，即爲導攻崖山。諳識海道，漕運江南糧，不旬日達燕，遂有功。朝廷付金銀牌，而許其便宜除授。凡任船水手得力者，皆投朱、張，官軍慰。〔一〕張之子官參政，富過封君，珠寶番賃以鉅萬萬計。每歲海運，許稱没于風波，私自轉入外番貨賣。勢傾朝野，江淮之間田土屋宅，鬻者必售于二家，他人不敢得也。張參政嘗夜過曹宣慰所居里中，相惡爭鬬。張氏遂于曹氏宅前疏鑿河道以報之，毁其外門。事聞于朝，旨下，賜楮幣二千五百貫，命本郡官營辦筵宴，以平二家宿怨，復其外門。朱張二家，厥後在朝有言其豪横罔上、結連外番，有無將之心，遂誅之，籍其家，竇貨不貲。前元江浙財賦提舉司，即二家之資産。

校勘記

〔一〕官軍慰　「軍」，疑當作「宣」。

二

朱軫、管國英居上海，家富豪横。因刈荒蕩茆草，啓爭端相殺傷，至使二境人不敢越界，執之，即置積薪下焚殺之。彼此擠拂海洋行劫事陷之，皆係于獄。更相囑賂官吏文致，互入其罪。時在後至元中，丞相伯顔當國，戮二人于平江，并其黨與，籍其家。厥後，田土撥賜丞相脱脱，立稻田提領所于松丘主其事。

三

王同知景玉居嘉興，鉅富。其父任廣東市舶提舉，故家富不貲。景玉自幼但見金寶充溢，是以奢淫無度。家不置釀具，日沽上尊酒；不置燈盞，夜止燃燭。至以真珠結網珠燈，沉酣竟日，視金如土。予嘗識其子九霄，寓居曹氏瀼西園，尚多故物。

四

今之葉子戲消夜圖，相傳始于宋太祖令後宫人習之以消夜。又有倒擲戲者，以玉作橄欖狀，六觚，〔一〕而列一二三四五六，推旋于玉盆中，久之方倒，中其數者爲勝。又有鬼工，以一牙瓢如指大，内貯器具二十件，皆以象牙爲之，小如油麻，有一小文簿，檢其出入。又有小畫卷，長數丈，圖故事、花鳥之屬，展玩半日工夫。此等皆昔時後宫之物也。

校勘記

〔一〕六觚　「觚」，原作「觚」，據清高士奇華胥引題馬麟畫卷跋語（竹窗詞，清康熙間刻本）、清郝懿行證俗文（清光緒十年刻本）卷六所引清吕種玉言鯖文字改。

五

丙午七月朔日秩時，日食太半，明者亦無光。人視物皆成金色，視人面如黄橙。

六

八月廿二夜，有星蓬蓬孛孛如絮，大于斗。始見于紫微垣天棓内，〔一〕指牛、女從西南行，〔二〕疾甚。次夜復見，已行過約五六十度。又次夜，雲晦，遂不復見。

校勘記

〔一〕始見于紫微垣天棓内　「棓」，原作「楷」。按，天棓屬紫微垣，史記天官書云「紫宫左三星曰天槍，右五星曰天棓」（中華書局一九八二年，第一二九〇頁），以字形看，「棓」「楷」近似，故據改。

〔二〕指牛女從西南行　「女」，原作「安」。按，二十八宿中無安宿，而牛宿、女宿相距較近，故予改。

七

庚戌十一月初六夜半，〔一〕坎位有紅光自地起，直上，森列如植。自昴、星相東西，天半界如色暮霞於中，〔二〕星宿色皆紅，雞犬俱鳴。宋宣和元年有此異。見宋通鑑。又，宋嘉泰四年爲金泰和四年，〔三〕三月，中天以北，其色殷紅如血。〔四〕不言日夜。見金志。

校勘記

〔一〕庚戌十一月初六　「十」，原作「子」，按日本學者神田茂日本天文史料（東京丸善株式會社，一九三四年）收録鳩嶺雜事記一書，其中記載了一次極光現象：「建德元年十一月六日，夜，子、丑、寅時，北部天空出現赤氣，以後逐漸變爲深紅顔色，衆人吃驚。它還有白色和黑色的寬窄不等的條紋，在南北方向還在紅色上出現亮光，真是稀有的景色。」（譯文轉引自戴念祖文集之細潤沉思科學技術史（二），中國科學技術出版社，二〇一九年，第一八頁）日本南朝長慶天皇建德元年爲一三七〇年，按干支紀年正是庚戌。可知農田餘話與鳩嶺雜事記所記録的正是同一天發生而在不同國家境内看到的極光現象，故據改。

〔二〕天半界如色暮霞於中　「如色」，石印本作「色如」。按，石印本常有臆改現象，當慎從。「色」疑當作「包」。

〔三〕宋嘉泰四年爲金泰和四年　「嘉泰四年」，原作「加泰四中子」，據舊題宋宇文懋昭撰大金國志（國家圖書館藏明抄本、國家圖書館藏清盧文弨抄校本）卷二〇改。又按，宋寧宗嘉泰四年與金章宗泰和四年爲同一年，亦據改。

〔四〕其色殷紅如血　「其」、「血」原分別作「箕」、「四」，均據大金國志卷二〇改。

八

作園士治蔬圃，其人必病黄。日與穢惡之氣相近，蓋五臟之内，脾「香臭」，惡氣入脾以害脾故也。

九

今之水母，俗稱海蜇，〔一〕或作「涉」聲，皆無義理。按嶺表録異謂之「蛇」，〔二〕痴駕反。疑其音近「涉」，故記爲此等字耳。又云：〔三〕「廣州人謂之水母，〔四〕閩人謂之蛇，〔五〕其形乃渾然凝結一物。有淡紫色者，有白色者，大如覆帽，小如碗，〔六〕腹下有物如懸絮，俗謂之足，〔七〕而無口眼。〔八〕常有數十蝦寄腹下，〔九〕咂食其涎。浮泛水上，捕者或遇着，〔一〇〕即欻然而没，乃是蝦有所見耳。越絶書云：『海鏡蟹爲腹，水母蝦爲目。』〔一一〕南中好食之，云性暖治河魚之疾。〔一二〕然甚腥，〔一三〕須以草木灰點生油再三洗之。〔一四〕甚瑩淨，〔一五〕如水精紫玉，〔一六〕肉厚可二寸，薄處亦寸餘。先煮椒桂或豆蔻，〔一七〕生薑縷切而煠之，〔一八〕或以五辣肉醋，〔一九〕如鱠而食之。〔二〇〕最宜蝦醋，亦物類相攝耳。水母本陰海凝結之物，食而暖補，〔二一〕其理未詳。」

校勘記

〔一〕俗稱海蜇　「蜇」，原作「⿱執魚」。按，⿱執魚爲魚之一種。康熙字典亥集中「魚部」：「⿱執魚，廣韻、集韻並脂利切，音至。」（清康熙五十五年武英殿刻本）山海經中山經第五：「又東一百五十里，曰岷山，江水出焉，東流注于大江，其中多怪蛇，多⿱執魚。」（四部叢刊景明成化本）則⿱執魚非海産動物。而元賈銘飲食須知卷六：「海蛇，味鹹性温，即海蜇。無口眼腹翅，塊然一物，以蝦爲目，蝦去則住。浸以石灰、礬水，則色白。」（清道光學海類編本）清郝懿行記海錯蛇云：「蛇，今海人名爲蜇。蜇是俗作字，又因聲近譌轉也。」（清嘉慶道光間郝氏遺書本）「鮓」、「蜇」音義均不同，疑「鮓」誤，故改。

〔二〕按嶺表録異謂之蛇　「蛇」，當作「蛇」。按，文選江賦「水母目蝦」句，唐李善注引南越志曰：「海岸間頗有水母，東海謂之蛇。正白，濛濛如沫。生物有智識，無耳目，故不知避人。常有蝦依隨之，蝦見人則驚，此物亦隨之而沒。蛇音蜡，二字並除嫁切。」（四部叢刊景宋本六臣註文選卷一二）。

〔三〕又云　按，本條以下内容出自唐劉恂嶺表録異，然嶺表録異至清乾隆間已無存本，四庫館臣從永樂大典中輯出重編爲三卷，流傳於世。宋李昉太平廣記卷四六五水族二水母徵引此條最爲詳備，四庫輯本曾據之校補，故本次整理亦主要校以太平廣記（明嘉靖四十五年談愷刻本），而以宋李昉太平御覽（四部叢刊三編景宋本）卷九四三鱗介部十五水母參校。

〔四〕廣州人謂之水母　「人」，太平廣記、太平御覽均無。

〔五〕閩人謂之蛇　「人」，太平廣記無。「蛇」，原作「蛇」，據太平御覽改。太平廣記作「鮀」，「鮀」同「蛇」。

〔六〕小如碗　「碗」，原作「捥」，據太平廣記、太平御覽改。按，此句兩種校本均作「小者如盌」。「盌」即「碗」之異體。

〔七〕俗謂之足　「足」上，原衍「有」字，據太平廣記、太平御覽删。

〔八〕而無口眼　此句下，清乾隆三十八年武英殿聚珍版書本嶺表録異有校語云：「按，曾慥類説所載作『有口無眼』，與此不同。」魯迅嶺表録異校勘記先摘引上述校語，後云：「今按紺珠集亦作『有口而無目』，此當誤也。」（王得後等整理魯迅校本嶺表録異，廣東人民出版社，一九八三年）魯迅以「無口眼」爲誤，是。

〔九〕常有數十蝦寄腹下　「常」下，原衍「如」字，據太平廣記、太平御覽刪。

〔一〇〕捕者或遇着　「着」，太平廣記、太平御覽作「之」。

〔一一〕水母蝦爲目　按此句太平御覽作「水母即蝦爲目也」。

〔一二〕云性暖治河魚之疾　「河」，原脱，據太平廣記補。按，自此句始至文末，太平御覽無。

〔一三〕然甚腥　「腥」，原作「醒」，據太平廣記改。

〔一四〕須以草木灰點生油再三洗之　「木」，原作「菜」，據太平廣記改。

〔一五〕甚瑩淨：「甚」，太平廣記無。

〔一六〕如水精紫玉　「玉」，原脱，據太平廣記補。

〔一七〕先煮椒桂或豆蔻　「或豆蔻」，原乙作「豆蔻或」，據太平廣記正。

〔一八〕生薑縷切而煠之　「煠」，原作「渫」，據太平廣記改。

〔一九〕或以五辣肉醋　按，此句下太平廣記有「或以蝦醋」四字。

〔二〇〕如鱠而食之　「而」，太平廣記無。

〔二一〕食而暖補　「補」，原脱，據太平廣記補。

余按韻學集成「屑」字内有「浙」音者，載「靼」字，〔一〕注以爲「柔皮」，又曰「靼，水母也」。則此物爲海靼，其音爲「浙」，可證前説皆非。況此物正似柔皮狀，無疑也。正德庚午九月一日，蘇臺張翼南伯志，時年七十有七。〔二〕

校勘記

〔一〕載䩞字　「䩞」，原作「䩞」，據明章黼重刊併音連聲韻學集成（明萬曆六年虞德燁刊本）卷七及本條下文「䩞，水母也」改。

〔二〕按，本條非農田餘話原文，而是明人張翼增入的按語，故縮小字號，退格排印。

十

澱山在華亭西五十里，〔一〕有禪寺曰「普光王」。山昔日在薛澱湖中，有道人登禪師者始結屋于嵒。山之西面，多漁家捕魚。自道人結庵以來，居人採捕竟日，不得魚。因就師問其故，〔二〕師曰：「但以爾舟載土能詣吾山者，〔三〕當遂所願，魚可得也。」既而果然。自爾遠近歸之。積累既久，〔四〕因以建寺，名「普光王」。嘗因浮圖放光，故爲塔神名號。在宋朝，有敕封伽藍神，相傳秦時邢氏三女，謂之曰「三姑」。〔五〕雲間志亦著邢女事。澱山，前元時潮沙湮澱，〔六〕今在平陸。

校勘記

〔一〕澱山在華亭西五十里　「澱」，原作「凝」，按（紹熙）雲間志（清嘉慶十九年古倪園刊本）卷中「澱山」條載澱山在薛澱湖中，而（正德）松江府志（明正德七年刊本）卷一五「三姑祠」條載普光王寺在澱山上，又（乾隆）青浦縣志（清乾隆五十三年刊本）卷一五寺觀（上）「三姑祠」條節引此條文字，開頭正作「澱山」，故據改。

〔二〕因就師問其故　「就」，原作「乾」，據（乾隆）青浦縣志卷一五寺觀（上）「三姑祠」條、清王昶金石萃編（清嘉慶十年刻同治錢寶傳等補修本）卷一五一改。石印本、排印本作「詣」。

〔三〕但以爾舟載土能詣吾山者　「土」，原作「王」，據（乾隆）青浦縣志卷一五寺觀（上）「三姑祠」條、（乾隆）青浦縣志卷二山「澱山」條、清王昶金石萃編卷一五一改；詣，原作「語」，據（乾隆）青浦縣志卷二山「澱山」條、清王昶金石萃編卷一五一改。

〔四〕積累既久　「久」，原作「民」，據（乾隆）青浦縣志卷一五寺觀（上）「三姑祠」條改。石印本、排印本作「饒」。

〔五〕謂之曰三姑　「謂」，原作「爲」，據（乾隆）青浦縣志卷一五寺觀（上）「三姑祠」條改。

〔六〕前元時潮沙湮澱　「澱」，原作「潮」，按（正德）松江府志卷二「薛澱湖」條載：「澱山，宋時在水心並湖以北，中爲一澳，曰山門溜。東西五六里，南北七八里，正當湖流之衝，爲古來吞吐湖水之地。山門溜之中，又有斜路港、大石浦、小石浦，通洩湖流。後潮沙淤澱，漸成圍田。元初，湖去西北已五里餘，今趙屯、大盈去湖益遠。顧由何家港及南、北曹港受湖水以泄于江，水患之多，蓋有由矣。」據改。

十一

採生妖術：〔一〕王萬里，江西吉州人，以算卜遊江湖。前元至順間，〔二〕於興元府遇一同道劉先生，甚相得。劉曰：「我有一術，容易覓錢。收採生魂，遣去人家作怪，來請禳鎮，廣得錢財。」行李取出五色綵帛，〔三〕包裹人髮一塊，并有符篆，云是生魂李延奴，以楮鈔七十五貫售之，遂改名買買。〔四〕又傳採生收禁咒術。〔五〕次年，又於房州逢舊識曠先生，〔六〕又買得生魂耿頑童，與李買買一同驅使，以此節次魘魅人家。至至正辛巳八月，〔七〕到大同路豐州黑河村周大家課命。〔八〕有一女月惜，十四歲，性格聰慧。萬里圖殺害之，夜密念咒語，潛伺於後。既月惜果出，拽去遠地無人處，用刀割下頭髮、鼻舌脣耳諸尖、目睛、十手足指梢、心肝肺等件，〔九〕曬乾搗末，〔一〇〕裝投小葫蘆兒內，〔一一〕往來陝西賣卦。壬午，〔一二〕前到察罕腦兒南街平易店安下，〔一三〕開卜肆彼中。有王弼者來訪萬里，萬里于話次曰：「此地淺水，留龍不住。」弼曰：「爾何人，輒敢大言！」因忿爭，衆勸解之。弼還家，夜中，臥內有風吹葫蘆哭聲，日常有之。〔一四〕王乃請一人孫法師勘祟，〔一五〕有鬼自空中作人言云：「是南街巷內先生遣我來。」索衣服，口稱「寃枉、寃枉」。王集社長、鄰里人，備録鬼詞，云：「我是豐州黑河村周大女，母姓張，兄名那海，母舅張大，西隣董二，北壁吴三。」備説被殺緣由。弼遂聞於官，于萬里行李搜出女身紙人兒八個，五色綵、人髮相纏，〔一六〕葫蘆兒、符印等物。弼家又空中有鬼稱是耿頑童，係奉元路南坊織房耿家第二男，兄名頑驢。〔一七〕又一鬼言是察罕腦兒李帖家兒子，〔一八〕名延奴，因劉鑾師賣與老鑾賊，改名買買。二鬼備言父母姓名、年甲、親隣姓名某人及被殺年月。所司追至李帖名福保。〔一九〕并妻阿劉，供狀與鬼語相合。保天曆己巳牧羊于外失之，〔二〇〕不可根尋，時年十四。萬里供：收傳法時，不得食牛犬。因近買馬，〔二一〕誤食牛肉破法，致令鬼言事洩。時陝西省察罕腦兒宣慰司行移奉元路咸寧縣，〔二二〕照勘耿頑童、大同路豐州黑河村照勘周月惜。

校勘記

〔一〕採生妖術　按，此條亦見於元陶宗儀南村輟耕録（四部叢刊三編景元本）卷一三，題爲中書鬼案，内容更爲詳細，所記年份等亦有出入。然此條亦有中書鬼案所沒有的内容，如周月惜述其家人、親戚、鄰居姓名等，二者可參看。

〔二〕前元至順間　按，南村輟耕録記載其具體時間爲「至順二年三月」。

〔三〕行李取出五色綵帛　「綵」，原作「線」，據南村輟耕録改。

〔四〕遂改名買買　「買買」，南村輟耕録作「買賣」。該書以下凡述及李買買名均同此。

〔五〕又傳採生收禁咒術　「禁」，原作「葉」，據南村輟耕録改。

〔六〕又於房州逢舊識曠先生　「曠」，南村輟耕録作「鄺」。

〔七〕至至正辛巳八月　按，至正辛巳爲至正元年，而南村輟耕録所載爲「至正二年八月」。南村輟耕録所録爲公文内容，應相對可靠。

〔八〕到大同路豐州黑河村周大家課命　「路」，原作「府」，據南村輟耕録改。「周大」，原作「周火」，據石印本、排印本、南村輟耕録改。

〔九〕用刀割下頭髮鼻舌脣耳諸尖目睛十手足指梢心肝肺等件　「尖」，原作「光」，按南村輟耕録兩次敘述採生妖術殘害童男童女的具體過程，一次提及「舌尖、耳朵」，一次提及「舌、耳尖」，故據改；「梢」，原闕，據南村輟耕録補。

〔一〇〕曬乾擣末　「曬乾擣末」，原作「日乾持宋」，據南村輟耕録改。

〔一一〕裝投小葫蘆兒内　「兒」，原作「見」，據石印本、排印本改。

〔一二〕壬午　按，此壬午年指至正二年，南村輟耕録記爲「至正三年」，具體在九月。

〔一三〕前到察罕腦兒南街平易店安下　「腦」，原作「胸」，據南村輟耕録改。按，「腦兒」，亦譯作「淖爾」，蒙古語指湖。元史多次出現「察罕腦兒」地名，既指湖，亦指湖邊之城。周清澍從察罕腦兒看元代的伊克昭盟地區（内蒙古大學學報一九七八年第二期）一文指出元代有兩處察罕腦兒城：一處位於由大都至上都的路上（陳得芝元察罕腦兒行宫今地考（歷史研究一九八〇年第一期）考證其行宫故址在今河北張家口市沽源縣囫圇淖爾北之大宏城遺址）；另一處其故址則在今内蒙古自治區鄂爾多斯市西南部的烏審旗境内的古城。後者與今陝西省西北部榆林市毗鄰。據改。

〔一四〕日常有之　「日常」，南村輟耕録作「不時」。

〔一五〕王乃請一人孫法師勘祟　「孫」，南村輟耕録作「李」。

〔一六〕五色綵人髮相纏　「綵」，原作「線」，據南村輟耕録改。

〔一七〕兒名頑驢　按，南村輟耕録中耿頑童自稱原名「頑驢」，後被王萬里改名。

〔一八〕又一鬼言是察罕腦兒李帖家兒子　「腦」，原作「胸」。校改理由同前。

〔一九〕名福保　「保」，南村輟耕録作「寶」。

〔二〇〕保天曆己巳牧羊于外失之　「保」上下疑有脱文，或當作「福保云」之類；「于」，原作「子」，按南村輟耕録載「天曆二年二月内，令其趕牛放牧，不歸」，據改。

〔二一〕因近買馬　「因」，原作「固」，據石印本、排印本改。

〔二二〕時陝西省察罕腦兒宣慰司行移奉元路咸寧縣　「察罕腦兒」，原作「罕察胸兒」，前二字據石印本、排印本改，總體據前述理由校改。

十二

至正乙酉，詔天下分遣廷臣爲諸道黜陟使，察官吏，問疾苦，禮尊年，賑貧乏，褒善良，起淹滯，所至如巡狩。江西布衣黄如徵上言：「本道奉使散散、王士弘不遵詔旨，務取民財，鉗口結舌，官吏賢不肖不察，民疾苦不問，尊年不禮，貧乏不賑，善良不褒，淹滯不起。江西、福建一道，地方五千餘里，馳騖未數月而徧，民失望矣。」且述小民作歌曰：〔一〕「九重丹詔頒恩至，萬兩黄金奉使回。」又曰：「奉使來時驚天動地，回時烏天黑地，官吏每歡天喜地，百姓每啼天哭地。」又曰：「官吏黑漆皮燈籠，奉使來時添一重。」

校勘記

〔一〕且述小民作歌曰　「述」，原作「迷」，據石印本、排印本改。

十三

庚申君立高麗女爲二皇后，〔一〕監察御史李泌上言：「昔世祖有言，誓不與高麗共事。〔二〕省臺無用，而況宫中乎？以太后位以下錢糧畀之，以婦作母也，失齊家之道。且殷紂、周幽因寵内而亡國、失諸侯，爲可鑒者。」書奏，〔三〕除海北道廉訪使僉事。又言「前者上章未蒙俞允，言不行」，辭以母老，乞歸田里。

校勘記

〔一〕庚申君立高麗女爲二皇后　「麗」，原作「嚴」，據石印本、排印本改。「高麗女爲二皇后」，原作「高嚴二女爲后」，據元史后妃一完者忽都改。

〔二〕誓不與高麗共事　「麗」，原作「嚴」，據石印本、排印本改。

〔三〕書奏　「奏」，原作「秦」，據石印本、排印本改。

十四

司馬温公書儀云：「古人謂父爲阿郎，母爲娘子，故劉岳書儀上父母書稱阿郎、娘子。其後奴婢尊其主如父母，故亦謂之阿郎、娘子。以其主之宗族多，〔一〕故更以行第加之。今人與妻之父母書，〔二〕稱其妻爲幾娘子，〔三〕殊亂尊卑。」

校勘記

〔一〕以其主之宗族多　「主」，原作「空」，據宋司馬光司馬氏書儀（國家圖書館藏宋刻元修本）卷一上内外尊屬條改。「主之」，石印本、排印本作「空泛」，非。

〔二〕今人與妻之父母書　「與」，原作「謂」，據宋司馬光司馬氏書儀卷一上内外尊屬條改。

〔三〕稱其妻爲幾娘子　「娘」，原作「郎」，據宋司馬光司馬氏書儀卷一上内外尊屬條改。

十五

「舅之子稱内弟，不書姓；姑之子稱外弟，書姓。今人通稱表弟。」〔一〕

校勘記

〔一〕按，此條乃劉岳書儀佚文，宋司馬光司馬氏書儀卷一上内外長屬條引用。

十六

雲間前元時有一黄冠陶谷庵，〔一〕居谷水坊西。得服椒術，〔二〕冬月止御單衣，常時或揮扇。〔三〕夜不用枕，〔四〕昂首而寢，名曰懸枕睡。

校勘記

〔一〕雲間前元時有一黄冠陶谷庵　「雲間」，明吴履震五茸志逸（成文出版有限公司中國方志叢書一九八三年影印明抄本）卷四服椒條作「松江」。

〔二〕得服椒術　「椒」，原作「栟」，據五茸志逸服椒條改。

〔三〕冬月止御單衣常時或揮扇　五茸志逸服椒條作「冬月單衣，時或揮扇」。

〔四〕夜不用枕　五茸志逸服椒條無「夜」字。

十七

上海莊蓼塘，〔一〕宋故家也，家藏書至全備。〔二〕前元文宗時，講筵語及唐聶夷中詩，上詢其有文集否，諸學士皆以未聞對。〔三〕或進言莊氏藏書之富，〔四〕遂特旨下訪其家，果有聶集。上之，敕授某州教授以旌之。〔五〕厥後，高麗以金千兩欲易之，〔六〕不允。子孫後不振，張氏有國時，已散失多矣。〔七〕

校勘記

〔一〕上海莊蓼塘　「莊蓼塘」，原作「章了堂」，據元陶宗儀南村輟耕録卷二七莊蓼塘藏書條、元楊瑀山居新語（不分卷，丁氏八千卷樓叢刻本）改。明吴履震五茸志逸章氏藏書條作「章蓼塘」，按宋末元初上海藏書家莊肅字恭叔，號蓼塘，故「章」字誤。

〔二〕家藏書至全備　「至全備」，五茸志逸章氏藏書條作「至備」。

〔三〕諸學士皆以未聞對　「皆」，五茸志逸章氏藏書條作「語」。

〔四〕或進言莊氏藏書之富　「莊」，原作「章」，據清孫鳳鳴修、王昶纂青浦縣志（清乾隆五十三年刻本）卷三六莊肅畫繼餘譜條後引文改。

〔五〕敕授某州教授以旌之　「某州」，五茸志逸章氏藏書條無。

〔六〕高麗以金千兩欲易之　「以」，原作「戍」，據五茸志逸章氏藏書條改。「欲」，五茸志逸章氏藏書條無。

〔七〕子孫後不振張氏有國時已散失多矣　五茸志逸章氏藏書條作「子孫後亦不振，而章氏書多散失矣」。

十八

儒士謝子蘭論辨確，嘗言：「吴江三高亭不當祀范蠡。蠡，越臣，以計滅吴，絶吴祀，蓋吴人之讐也，豈當祀之？三致千金，史記云「載西子入海」，申公巫臣之流也，〔一〕安得爲高哉？」

校勘記

〔一〕申公巫臣之流也　「申」，原作「中」，據元謝應芳論吴人不當祀范蠡（龜巢稿卷一二，四部叢刊三編本）改。

十九

齊天旱，〔一〕景公召羣臣問曰：「天不雨久矣，民且有饑色。吾使卜之，〔二〕祟在高山廣水。〔三〕寡人欲少賦歛以祠靈山，〔四〕可乎？」羣臣莫對。晏子進曰：「不可！祠之無益也。〔五〕夫靈山以石爲身，〔六〕以草木爲髮，天久不雨，髮將焦，身將熱，彼獨不欲雨乎？〔七〕祠之無益。」景公曰：〔八〕「不然，吾將祠河伯，〔九〕可乎？」晏子曰：「不可！祠此無益也。〔一〇〕夫河伯以水爲國，以魚鱉爲民，天久不雨，水泉將涸，〔一一〕百川竭，國將亡，民將滅矣，〔一二〕彼猶不用雨乎？〔一三〕祠之無益。」〔一四〕景公曰：「今爲之奈何？」晏子曰：「君誠避宮殿暴露，與靈山、河伯共憂，其幸而雨乎！」于是景公出野居，〔一五〕暴露三日，天果大雨，民得盡種藝。〔一六〕景公曰：「善哉！晏子之言可無用乎？其能有德也。」〔一七〕

校勘記

〔一〕齊天旱　晏子春秋内篇諫上第一景公欲祠靈山河伯以禱雨晏子諫第十五（四部叢刊景明活字本）作「齊大旱逾時」。按，以下不括註者均爲此本。

〔二〕吾使卜之　「卜之」，晏子春秋作「人卜」。

〔三〕祟在高山廣水　「祟」上，晏子春秋有「云」字。

〔四〕寡人欲少賦歛以祠靈山　「以」，原脱，據晏子春秋補。

〔五〕祠之無益也　「之」，晏子春秋作「此」。

〔六〕夫靈山以石爲身　「山」下，晏子春秋有「固」字。

〔七〕彼猶不欲雨乎　「猶」，晏子春秋作「獨」。

〔八〕景公曰　「景」，晏子春秋無。

〔九〕吾將祠河伯　「將」，晏子春秋作「欲」。

〔一〇〕祠此無益也　「此」，石印本、排印本作「之」。晏子春秋無此句。

〔一〕水泉將涸　晏子春秋作「泉將下」。
〔二〕民將滅矣　「矣」，原作「奚」，據晏子春秋改。
〔三〕彼猶不用雨乎　此句晏子春秋作「彼獨不欲雨乎」。
〔四〕祠之無益　「無」，晏子春秋作「何」。
〔五〕于是景公出野居　「居」，原脱，據晏子春秋補。
〔六〕民得盡種藝　四部叢刊景明活字本晏子春秋作「民盡得種時」，文淵閣四庫全書本晏子春秋作「民盡得種蒔」。
〔七〕其能有德也　晏子春秋作「其維有德」。

二十

至正甲辰秋八月，張氏國弟、四平章士信充安豐，遂逼達世丞相以位讓之。其移文略曰：「太尉、開府儀同三司、〔一〕上柱國、浙江行中書省左丞相，照得浙江省奠臨吴越，控制江淮，乃天下之雄藩，寔東南之重鎮。自非碩德元勳、雄威重望、功蓋當世、澤及生民者，疇克居此？吴王張士誠有生英傑，間世雄才，其弟太尉張士信天資英武，志節忠貞。伏念當職才非輔弼，年已衰殘，德不足以服人，力不足以勝任，苟不推賢以自代，必致誤國而獲愆。今將元授官爵行中書省、行樞密院、行宣政院三臺銀印各一，〔二〕便宜行事，賞功罰罪，招降討逆，并金牌等，付授施行。」遂劫制拘幽于嘉興，飲毒而卒。

校勘記

〔一〕開府儀同三司　「開」「儀」，原作「間」、「俯」，據元史百官七改。

〔二〕行宣政院三臺銀印各一　「政」，原作「故」，據元史百官三改。

二十一

予外曾祖妣太君陳氏，兄弟若人，平生不患痘瘡。緣姓産子，〔一〕宋臨安有一穩婆某氏者，與人守産生兒，不患痘瘡且十九，初産見未啼前，〔二〕能去其口中穢物故也。及觀李東垣癍疹論云〔三〕：「子在腹中，隨母呼吸，飢渴則飲母血。十月降生，〔四〕口中尚有惡血，啼聲一發，隨吸而下，此血復歸命門胞中，僻于一隅，伏而不發。右腎爲命門。〔五〕直至内傷乳食，濕熱之氣下陷，〔六〕汭合于腎中，〔七〕二火交攻，營氣不從，惡血乃發。」〔八〕合此説，前事可信驗。汭音芮，水相入也。

校勘記

〔一〕緣姓産子　此句疑有誤。

〔二〕初産見未啼前　「見」，疑當作「兒」。

〔三〕及觀李東垣瘢疹論云　「瘢」，原作「班」，據金李杲蘭室秘藏（明萬曆古今醫統正脈全書本）卷下改。

〔四〕十月降生　「生」，原作「在」，據蘭室秘藏卷下改。

〔五〕右腎爲命門　此小註原作「右胃命門爲」，按元滑壽難經本義（明萬曆古今醫統正脈全書本）卷上云：「腎之有兩者，以左者爲腎，右者爲命門也。」故據改。

〔六〕濕熱之氣下陷　「陷」，蘭室秘藏作「流」。

〔七〕汭合于腎中　「汭」，蘭室秘藏無。

〔八〕惡血乃發　「血」，原作「氣」，據蘭室秘藏卷下改。

二十二

至朔同日十九章，〔一〕是爲一章中有七閏，〔二〕凡六千九百四十日，名曰章歲。見齊東野語中臧元震論閏書。〔三〕

校勘記

〔一〕至朔同日十九章　「朔」下，原衍「分」字，據宋周密齊東野語（明正德十年胡文璧刻本）卷一二曆差失閏條删。

〔二〕是爲一章中有七閏　「閏」，原作「關」，據齊東野語曆差失閏條改。

〔三〕見齊東野語中臧元震論閏書　「臧元震論閏書」，原作「藏元霞論問書」，據齊東野語曆差失閏條改。

二十三

謝應芳子蘭論學校設地靈祠于儀門之外，〔一〕夫婦偶坐，〔二〕甚非禮也。且「男子居外，女子居内」，豈有身爲神妻，呈身露面，〔三〕以饕士大夫籩豆之薦于先聖清廟之下？〔四〕學校，〔五〕風化所出之地，〔六〕而乃淪於習俗之繆，〔七〕理當撤去爲宜。

校勘記

〔一〕謝應芳子蘭論學校設地靈祠于儀門之外　「儀」，原作「戟」，據元謝應芳上盛教諭論土地夫人書（龜巢稿卷一二，四部叢刊三編景江安傅氏雙鑒樓藏鈔本）改。

〔二〕夫婦偶坐　「偶」，原作「隅」，據上盛教諭論土地夫人書改。

〔三〕呈身露面　「面」，原作「肉」，據上盛教諭論土地夫人書改。

〔四〕以饕士大夫籩豆之薦于先聖清廟之下　「以」，原作「次」；「籩」，原作「邊」。均據上盛教諭論土地夫人書改。

〔五〕學校　「校」，原闕，據上盛教諭論土地夫人書補。

〔六〕風化所出之地　「化」，原闕，據上盛教諭論土地夫人書補。「所」，原作「府」，據上盛教諭論土地夫人書改。

〔七〕而乃淪於習俗之繆　「淪」，原作「論」，據上盛教諭論土地夫人書改。

二十四

謝子蘭曰：夫「內事用柔日，外事用剛日」者，〔一〕聖人順陰陽之理，初不以死生榮辱、貧賤富貴之類，一皆繫乎年月日時之吉凶，而使人拘拘焉擇而用之。孟子曰：「天時不如地利，地利不如人和。」舉一物而天下之物莫不皆然，亦盡乎人事而已，夫天時何足泥哉！

校勘記

〔一〕夫內事用柔日外事用剛日者　「夫」，原作「美」，據元謝應芳辯惑編（守山閣叢書本）卷三時日改。

二十五

前元英宗碩德八剌。〔一〕年號至治，性剛好殺，故被弒。晉以藩邸入踐大統，識者以「至治」二字析成「晉王」二字，〔二〕數或然也。時改元「泰定」，二字出道書，乃非正道也。

校勘記

〔一〕碩德八剌　「八剌」，原作「入利」，據元史英宗紀改。

〔二〕識者以至治二字析成晉王二字　「析」，原作「祈」，據石印本、排印本改。

二十六

西漢景帝男中山靖王勝，爲人淫嗇，樂酒好肉，生子一百二十餘人。宋徽宗止及其半。〔一〕

校勘記

〔一〕宋徽宗止及其半　「半」，原作「乎」，據石印本、排印本改。

二十七

宋熙寧中，總天下户一千六百萬，而漢、淮以南，當千有餘萬户。前元至元初，國中大比，民數八十餘萬。及平江南，得一千一百八十四萬八百餘户，總南北之民一千三百二十九萬六千三百有六，而山澤溪洞之民不與焉。洪武初，天下户一百六十一萬九千五百六十五户。可見兵燹之餘，比熙寧十之一也。

二十八

宋幼主名㬎，歸元朝，封瀛國公，命爲僧，賜名哈臻。一説作合尊。就業河西某寺，悟前身曾爲寺僧。後至燕京，有僧恩斷江贈以詩曰：「版圖棄屣南歸北，衣鉢傳燈西復東。□地家山無復好，莫思故國月明中。」至英宗朝遇■。〔一〕

校勘記

〔一〕至英宗朝遇■　按，墨丁下當有脱文，應是記順帝爲趙㬎之子之傳聞。

二十九

許文正魯齋公衡被召入見，世祖問曰：「聞爾多能？」奏曰：「臣能種田、教學。」世祖曰：〔一〕「爾本事只會言兩件？」對曰：「種田乃衣食之本，教學乃風化之原。」上善其對。

校勘記

〔一〕世祖曰　「世」，原脱，據本條上文補。

三十

趙文敏孟頫、胡石塘長孺，至元中有以名聞于上，被召入見。問文敏會甚麽，奏曰：「做得文章，曉得琴棋書畫。」次問石塘，奏曰：「臣曉得那正心、修身、齊家、治國、平天下本事。」時胡所戴笠相偏欹，上曰：「頭上一個笠兒尚不端正，何以治國平天下？」竟不録用。

三十一

柳子字子厚，唐人。曰：「聖人之於祭祀，非必神之也，蓋亦附之以教焉。〔一〕祀于天地者，〔二〕示有尊也，不肅則無以教敬。祀于宗廟者，示廣孝也，不肅則無以教愛。〔三〕祀于有功烈者，示報德也，不肅則無以勸善。」〔四〕

校勘記

〔一〕蓋亦附之以教焉　「教」，原作「敬」，據唐劉禹錫等增廣注釋音辯唐柳先生集（四部叢刊景元刊本）卷二六改。

〔二〕祀于天地者　「祀」，增廣注釋音辯唐柳先生集作「事」。本條下兩「祀」字同。

〔三〕不肅則無以教愛　「愛」，原作「孝」，據增廣注釋音辯唐柳先生集改。

〔四〕不肅則無以勸善　「以」下，原衍「示」，據增廣注釋音辯唐柳先生集删。

三十二

廉文正公希憲，〔一〕字善甫。其父本北庭人，從回鶻主歸于元朝，〔二〕官至司徒。生文正時，適拜廉訪使，遂以官爲姓，見元明善所作神道碑。世祖一日語文正曰：「受戒國師，〔三〕因參内典，可以開益神智。」對曰：「臣幸蒙聖訓，受孔子之戒久矣。」世祖曰：〔四〕「孔子何戒？」對曰：「臣也盡忠，子也盡孝。」世祖頷之。常好讀孟子，時號「廉孟子」。後子孫居平江。

校勘記

〔一〕廉文正公希憲　「文」、「憲」，原分别作「丈」、「寫」，據石印本、排印本改。

〔二〕從回鶻主歸于元朝　「歸」，原作「婦」，據元元明善平章政事廉文正王神道碑（元蘇天爵國朝文類卷六五，四部叢刊景元至正二年杭州路西湖書院刊大字本）改。「朝」，原作「官」，據平章政事廉文正王神道碑改。石印本、排印本作「宫」，非。

〔三〕受戒國師　「師」，原脱，據平章政事廉文正王神道碑補。

〔四〕世祖曰　平章政事廉文正王神道碑作「上曰」，本書改作「祖曰」，不妥，徑補「世」字。本條下文「世祖」同。

三十三

凡人窮達禍福之生，大則有命，小則有時。太公窮賤，遭周文王而得封；甯戚隱阨，遇齊桓公而貴顯。〔一〕豈窮賤隱阨爲有非，而得封貴顯爲有是？窮達有時、遭遇有命故也。太公、甯戚，賢者也，尚可謂有非乎？聖人，純道者也，虞舜爲父、弟深害，幾死者再三，既遇堯受禪爲帝，方見其害未有非，既立爲帝未有是，前則時未至，後則時命俱至也。按，古之人困阨後得通達，未必初有惡而天禍其前，卒有善而神祐其後也。一身之行，一行之操，自結髮以至于死，前後無異，一成一敗，一進一退，一窮一達，一全一壞，遭遇適然，皆繫時命也。

校勘記

〔一〕遇齊桓公而貴顯　「貴」，原作「遺」，據石印本、排印本改。

三十四

後至元丞相伯顏專權，其弟馬札兒台爲樞密院使，〔一〕使之子脱脱爲臺大夫。伯顏久蓄無將之心，一日託以打獵，〔二〕領出兵次于外，〔三〕謀歸朝即行廢主之事。脱脱入白其逆，遣使召之。伯顔曰：「我不在朝，有何詔旨？」勒騎歸都城，城門已閉。有詔爲劉氏左袒，〔四〕諸軍從之。乃除平章，沿途中遞降官，至于南恩州陽春縣安置，〔五〕死于龍興路驛舍。日見親重，至正中拜相。以中州河患，遂舉疏鑿之役。因走役夫潰散，河南板蕩。〔六〕受詔復徐州，州平班師。十四年，復受詔討高郵，兵百萬砦于玉山，賞功戮罪，便宜行事。誠大軍圍賊城，〔七〕城中窘蹙無計。本破在頃刻，丞相以士卒勞苦，視賊以釜魚罝兔，何可逃免，姑俟明日，進兵破之決矣。洎夜半，〔八〕詔至免相，收其兵權，安置淮安路，〔九〕以樞密使統其兵。〔一〇〕或勸丞相破賊，然後聽詔入朝問故，曰：「是逆君命也。」不聽。或勸其扶立鎮南王爲主，爲南北朝，曰：「若行此志，則在吾叔手中爲之矣。」遂就道，諸軍潰散，叛而資寇者有之。吁！元氏之大事去矣。淮人苟延十年之命，饕以富貴，在此一舉也。

校勘記

〔一〕其弟馬札兒台爲樞密院使　「其弟馬札兒台」，原作「其兄馬扎兒召」，據元史馬札兒台傳改。「院」，原作「密」，按元史世祖本紀於至元二十三年七月有「銓定省、院、臺、部官……樞密院，除樞密院使外，同知樞密院事一員，樞密院副使、僉樞密院事並二員」云云，據改。然而，考陶宗儀南村輟耕録卷二二皇太子署牒條有「惟皇太子立，必兼中書令、樞密使」的記載，可知除皇太子可領中書令、樞密院使虛銜外，一般官員無資格擔任，而結合元史馬札兒台傳及元史順帝紀，知馬札兒台於後至元元年出任知樞密院事，故「樞密院使」屬誤書。

〔二〕一日託以打獵　「託」，原作「記」，據排印本、元史伯顏傳改。

〔三〕領出兵次于外　「于」，原作「子」，據排印本改。

〔四〕有詔爲劉氏左袒　「袒」，原作「坦」，「爲劉氏左袒」語典出史記呂太后本紀，據改。

〔五〕至于南恩州陽春縣安置　「南恩州」，原作「幸恩列」，據元史伯顏傳改。

〔六〕河南板蕩　「板」，原作「叛」，「板蕩」典出詩經大雅之板、蕩二篇，據改。

〔七〕誠大軍圍賊城　「誠」，當爲「誡」之誤。

〔八〕泊夜半　「泊」，當爲「洎」之誤。

〔九〕安置淮安路　「淮」，原作「懷」，據元史脱脱傳改。

〔一〇〕以樞密使統其兵　按，元史脱脱傳載：「俄有詔罪其老師費財，以河南行省左丞相太不花、中書平章政事月闊察兒、知樞密院事雪雪代將其兵，削其官爵，安置淮安。」故「樞密使」不確。

三十五

真文忠名德秀，號西山，宋南渡人。曰：「程子家治喪不用浮屠，在洛亦有化之者，司馬氏闢之尤嚴。彼之教得行，由禮之先廢。使今之居喪者，始死有奠，朔而有殷奠，虞祔祥禫而有祭，既足以盡人子追慕之情，則于世俗之禮，且將不暇爲之矣。不復祭禮，而從曰勿用浮屠，使居喪者悵悵然無以報其親，未見其可也。」悵悵者，失道無所之之意。以此言之，奠祭之禮其可缺乎？

三十六

「百尺竿頭裊裊身，足騰跟挂駭旁人。漢陰有叟君知否，抱瓮區區亦未貧。」此晏元獻詠上竿技之詩也。王荆公見而題其後云：「賜也能言未識真，誤將心計漢陰人。桔槔俯仰何妨事，抱甕區區老此身。」二詩見諸葉石林詩話。倪文節經鉏堂雜志言荆公「未用時，天下以重名歸之，一旦顯用，壞盡名譽，惡盡善類，用盡心術，新法一變，馴至禍亂。使其當時高卧不起，安得有此？不達者未必不爲福也」，〔一〕故李大方亦有詩，云「可憐一代經綸業，不抵鍾山幾首詩」。

校勘記

〔一〕不達者未必不爲福　「達」，原作「違」，據宋倪思經鉏堂雜志（明萬曆二十八年潘大復刻本）卷三「不達未必不爲福」條改。

三十七

司馬温公曰：「葬者，藏也。孝子不忍其親之暴露，故斂而藏之。今之藏者，相山川岡壠之形勢，考歲月日時之支干，以爲子孫貴賤、貧富、壽夭、賢愚繫焉，非此地、非此時不可葬者，舉世惑而信之，于是喪親者往往久而不葬。問之，則曰歲月未利也，又曰未有吉地也，又曰遊宦遠方未得歸也，又曰貧未能辦葬具也，至于終身累世而不葬，遂有棄屍失柩，不知其處者。嗚呼，可不令人深嘆愍哉！又所貴于身後有子孫者，爲能藏其形骸也，其所爲乃如是，曷若無子孫，死于道路，猶仁者見而墐之耶！墐音謹，埋也。先王制禮，葬期不過七月。今世著令，王公以下皆三月而葬。又禮：未葬，不變服、食粥、居倚廬。哀親之未有所歸也。既葬，然後漸有變除。今之人背禮違法，未葬而除喪，宦遊四方，食稻衣錦，飲酒作樂，其心安乎？人之貴賤、貧富、壽夭繫于天，賢愚繫于人，固無關乎葬。就使皆如葬師之言，爲人子者方當哀窮之際，何忍不顧其親之暴露，乃欲自當其福利耶？昔者吾諸祖之葬也，家甚貧，不能具棺槨。自太尉而下，始有棺槨，金銀珠玉之物，未嘗以錙銖置壙中。將葬太尉公，族人皆曰：『葬者，家之大事，奈何不詢陰陽？此必不可。』吾兄伯康無如之何，乃曰：『安得良葬師而詢之？』族人曰：『近村有張生者，良師也。』兄乃召張生，許錢一萬，張生聞之大喜。

兄曰：『爾能用吾言，俾爾葬；不用吾言，將求他師。』張生曰：『唯命是聽。』于是兄自己以意處歲月日時，及壙之淺深廣狹、道路所從出，皆取便于事者，使張生以葬書緣飾之曰『大吉』，以是族人皆悦。今吾兄年七十九，以列卿致仕；〔一〕吾年六十六，忝備侍從；〔二〕宗族之從仕者二十三人。視他人謹用葬書，未必勝吾家也。前年，吾妻死，棺成而斂，裝辨而行，壙成而葬，未嘗以一言詢問陰陽，迄今亦無他故。今著此論，俾後之子孫葬必以時，欲知葬具之不必厚，視吾祖；〔三〕葬書之不足信，〔四〕視吾家。」

校勘記

〔一〕以列卿致仕　「卿」，原作「節」，據宋司馬光温國文正司馬公文集（四部叢刊景宋紹熙間刊本）卷七一葬論改。

〔二〕忝備侍從　「忝」，原作「恭」，據温國文正司馬公文集葬論改。

〔三〕視吾祖　「視」下，原衍一字，剜而未淨，據温國文正司馬公文集葬論删。

〔四〕葬書之不足信　按，此句前温國文正司馬公文集葬論有「欲知」二字。

三十八

予早年深秋，多見林木間有異禽，如翠羽之類，斑綵可愛。其狀不一，有喙若剪、股相交者，或人云皆是海南所產。此亦乘地氣自南而北，自兵興後三年，余年未嘗見之。

三十九

朱子曰：「『歸根』本老氏語，畢竟無歸，這個何曾動？此性只是天地之性，當初不是自彼來入此，亦不是自性而復歸。如月影在一盆水裏，除了盆水便無了，豈是這月影又飛上天去歸那月裏哉？又如這花落，便無這花了，豈是歸去那裏，明年又復來生這枝上哉？」

四十

華亭夏椿義士家嘗蓄一龜，尾有十三支，云是一千年生一支。每歲冬，〔一〕作一木匣，以稻草屑韞藏之，〔二〕凡若干年。一歲，將藏龜，〔三〕龜眼出淚。〔四〕至冬，〔五〕遺火焚燎屋宅，龜亦死。〔六〕其女爲邵公孺先生之母，幼年親見此母，誠慤不妄語者。

校勘記

〔一〕每歲冬　「冬」下，吳履震五茸志逸龜尾十三支條有「月」字。

〔二〕以稻草屑韞藏之　「稻」，原作「攘」，據五茸志逸龜尾十三支條改。

〔三〕將藏龜　「藏龜」，原乙，據五茸志逸龜尾十三支條正。

〔四〕龜眼出淚　「淚」上，五茸志逸龜尾十三支條有「血」字。

〔五〕至冬　「至冬」，原作「主寒歲」，據五茸志逸龜尾十三支條改。

〔六〕龜亦死　「亦」下，五茸志逸龜尾十三支條有「隨」字。按，此下至末尾，五茸志逸龜尾十三支條無。

四十一

朱子曰：「人死終歸於散，然亦未便散盡，故祭祀有感格之理。然已散者不可復聚，釋氏却謂人死爲鬼復爲人，如此則天地間常只是許多氣來來去去，更不由造化生生，必無是理也。」

四十二

嘗記至正甲申七月某日，日將没，有一流星自墜于酉地，去地數丈而止。大如月，色白無光，下有白氣一道，如帶蜿蜒，下垂西地四丈餘。〔一〕少頃，其白團從白氣中下墜，有聲如雷，地皆震動。

校勘記

〔一〕下垂西地四丈餘　「四丈餘」，原作「向丈余」，據石印本、排印本改。

四十三

晉郭璞字景純，元帝時爲著作郎。嘗欲爲顏含筮，含字弘都，成帝時爲侍中、光禄大夫。筮，請占其命之休咎也。含曰：「年在天，位在人。修己而天不與者，命也；守道而人不知者，性也。自有性命，無勞蓍龜。」致仕三十餘年，年九十三而卒。

四十四

文中子名通，字仲淹，隋文帝時人。曰：「命之立也，其稱人事乎！故君子畏之。」賈璚進曰〔一〕：璚，門人也。「敢問『死生有命，富貴在天』何謂也？」子曰：「召之在前，命之在後，斯自取也，庸非命乎？」

校勘記

〔一〕賈璚進曰　「璚」，隋王通文中子中説（四部叢刊景鐵琴銅劍樓藏宋取瑟堂刊本）卷九立命篇作「瓊」。「璚」雖可與「瓊」通假，但二者形相異，音義亦非完全重合，故當以「瓊」爲是。

四十五

邵子曰：「夫人不能自富，必待天之與其富，然後能富；人不能自貴，必待天之與其貴，然後能貴。若然，則富貴在天也，非在人也。有求而得之，有求而不得者矣，是繫乎天者也。功德在人也，不在天也，可修而得也，不修而不得，是非繫乎天也，繫乎人者也。非其可得者〔一〕，非所以能求之也。昧者不知，求而得之，則謂之己之能得也，故矜之。求而不得，則謂其人之不與也，故怨之。如知其己之所以能得，人之所以能與，則天下安有不知量之人乎？」

校勘記

〔一〕非其可得者　按，宋邵雍皇極經世書（清文淵閣四庫全書本）卷一一觀物篇於此句前有「夫人之能求而得富貴者，求其可得者也」十六字。

四十六

儒士呂勉夫，東萊之後，善醫，韓明善之表兄也。早年同學于一老儒林先生，先生每以醫道授之，故二人皆善脈，用藥如神。予嘗見邵公孺先生，言其父學録君七月間被驚，八月遇呂，偶診之，曰：「爾脈變甚，我當爲之修治，不爾病將至。」君不信，謝之。至九月中旬，忽病血證。亟召呂謀之，曰：「事已無及，旦夕將去矣，我當留此送之。請召他醫治之，亦可。」越三日，果如其言。其他治驗，率多類此。

附録

一　輯佚

（一）

吾鄉荇菜，爛煮之，其味如蜜，名曰荇酥。郡志不載，（一）遂爲漁人野夫所食。（二）

（明陳繼儒巖棲幽事不分卷，明寶顔堂秘笈本）

注釋

（一）郡志不載　按，此句（嘉慶）松江府志（清嘉慶二十二年明倫堂刻本）卷六疆域志物産作「士大夫不甚知也」。

（二）按本條清陳元龍格致鏡原卷六九（清雍正十二年刻本）引作「荇菜：爛煮之，其味如蜜，名曰荇酥」，有所節略；清陳大章詩傳名物集覽（清文淵閣四庫全書本）卷七引作「熟煮，其味如蜜，名莕酥，然知者絶少」，則文字有所更改。

（一一）錢塘江口有伍公廟，元至元四年，無火自災。（清王太岳四庫全書考證卷八四百正集卷上，清光緒二十五年廣雅書局刻武英殿聚珍版全書本）

二　著録

農田餘話二卷，一册　長谷真逸輯（明祁承㸁澹生堂藏書目不分卷，清宋氏漫堂鈔本）

農田餘話二卷　吴張翼（明徐㶿徐氏家藏書目卷四，清道光七年劉氏味經書屋鈔本）

農田餘話（清錢謙益絳雲樓書目卷三，清嘉慶間鈔本）

張翼農田餘話二卷　吴人，一稱長谷真逸

（清黄虞稷千頃堂書目卷一二，清文淵閣四庫全書本）

張翼農田餘話二卷　吴人，一稱長谷真逸

（清萬斯同明史卷一三五藝文志三，國家圖書館藏清鈔本）

農田餘話一本　長谷真逸。四錢

（清毛扆汲古閣珍藏秘本書目不分卷，士禮居叢書景明鈔本）

農田餘話二卷，一册　長谷真隱輯

（清曹寅楝亭書目卷三，民國間遼海叢書本）

農田餘話二卷　題明長谷真逸撰，不著名氏

臣等謹案：是書所紀，多元末及張士誠竊據時事

（清嵇璜續文獻通考卷一七九經籍考，清文淵閣四庫全書本）

農田餘話二卷　舊題明長谷真逸撰，不著名氏

（清嵇璜等欽定續通志卷一六〇藝文略五，清光緒浙江書局刊本）

農田餘話二卷　兩江總督採進本

舊本題明長谷真逸撰，不著名氏。所記多元末及張士誠竊據時事。中一條記至正壬辰紅巾入寇，又一條記至正甲申流星墜地事，皆所親歷，則其人生於元末。而下卷内一條稱「正德庚午九月一日蘇臺張翼南伯志」云云，相距一百五十八年，年月殊爲牴牾，或後人有所增入歟？

（清永瑢等欽定四庫全書總目卷一四三，中華書局，一九九七年，第一八九二頁）

農田餘話二卷　廣秘笈本

舊題長谷真逸撰，不著名氏。四庫全書存目。其書雜記瑣聞軼事，而元末及張士誠竊據時事爲多。中述至正壬辰紅巾寇入杭，丙申淮寇入姑蘇事，皆所親歷，而又述及洪武甲寅、乙卯之事，蓋元明間人也。後有「正德庚午蘇臺張翼南伯志」一條，疑即張氏所附益，斷非原書所應有矣。

（清周中孚鄭堂讀書記卷六十五子部十二之三，民國吴興叢書本）

張翼農田餘話二卷　一稱長谷真逸

（清馮桂芬（同治）蘇州府志卷一三七，清光緒九年刊本）

張翼見人物附傳農田餘話未見

（清汪日楨（同治）南潯鎮志卷二九著述一，清同治二年刻本）

張翼農田餘話二卷

（清金吴瀾等崑新兩縣續修合志卷四九著述目上，清光緒十七年刻本）

農田餘話二卷　明長谷真逸撰，秘笈本

（清丁仁八千卷樓書目卷一四，民國間鉛印本）